Giorgio Vigliada

Stazione Bolzano-Bahnhof Bozen

Giorgio Vigliada

Stazione Bolzano-Bahnhof Bozen

Edizioni Sant'Antonio

Imprint

Any brand names and product names mentioned in this book are subject to trademark, brand or patent protection and are trademarks or registered trademarks of their respective holders. The use of brand names, product names, common names, trade names, product descriptions etc. even without a particular marking in this work is in no way to be construed to mean that such names may be regarded as unrestricted in respect of trademark and brand protection legislation and could thus be used by anyone.

Cover image: www.ingimage.com

Publisher:
Edizioni Accademiche Italiane
is a trademark of
International Book Market Service Ltd., member of OmniScriptum Publishing Group
17 Meldrum Street, Beau Bassin 71504, Mauritius
Printed at: see last page
ISBN: 978-613-8-39374-0

STAZIONE BOLZANO

BAHNHOF BOZEN

A mia moglie Jole,
mia guida di pensiero
e di azione.

INDICE

CAPITOLO PRIMO

ARRIVI SENZA PARTENZE

Stazione di Bolzano. La guerra era terminata da qualche mese. La città era ancora semivuota. L'unico posto affollato era la stazione di Bolzano. Gli arrivi erano composti da persone che parlavano diverse lingue: francese, inglese, russo, italiano e tedesco.

Ognuno di loro faceva finta di non conoscere nessuno, ma ognuno di loro aveva un recapito ben preciso nella città.

I francesi: villa Ravanelli, i russi presso il loro agente Prof. N. Maximoff, già in loco da tempo ed in contatto con un presunto personaggio di nome Hans Schmit.

Gli inglesi e gli americani presso il Palazzo Ducale.

I tedeschi, ovvero i nazisti in fuga, risiedono presso un appartamento in via Leonardo da Vinci 24, messo a disposizione dalla società segreta "Odessa".

Però l'arrivo più interessante fu quello di un certo Friedrich Schwend, un uomo d'affari, reclutato nei servizi segreti delle SS e precisamente per i servizi di sicurezza (SD).

Per la sua abilità finanziaria gli venne affidata l'operazione relativa alla contraffazione del denaro relativo agli Stati alleati.

L'operazione aveva il nome in codice" BERNHARD".

Operazione Bernhard,una operazione seguita personalmente dal capo delle SS Himmler e dal suo aiutante Kaltenbrunner per la stampa di banconote inglesi false allo scopo di poter sabotare l'economia di quello Stato.

Vennero stampate 134 milioni di banconote presso il campo di concentramento di Sachsenhausen.

Il centro operativo venne stabilito nei pressi di Merano (Castello di Labers) in Provincia di Bolzano.

Il compito di Schwend era di smistare tutto quel denaro.

Il 12 maggio 1945 Schwend, avendo intuito il crollo nazista ed il disperato bisogno di salvarsi, si costituì agli americani, indicando i nascondigli, del denaro sia in Austria che in Alto Adige.

La protezione degli Stati Uniti fu totale, arrivando persino alla sua copertura sotto il falso nome di "Maggiore Klemp".

Poi, persino, divenne un agente sotto copertura con il nome di "Flush" al fine di poter catturare, nel territorio italiano, alcuni criminali nazisti.

In tutta questa operazione investigativa ebbero una fattiva partecipazione i due capitani del CIC (Servizio Americano di Difesa) Boris e Tanner, che in seguito ebbero un incontro importante a Bolzano, presso l'Hotel Posta, con due ex prigionieri del campo di concentramento di Dachau, al fine di individuare in un elenco dettagliato i presunti nazisti locali.

Uno dei due personaggi era Friedl Volgger. Friedl Volgger una personalità essenziale per comprendere il dramma storico dell'Alto Adige, fra due dittature.

Volgger Friedl, nacque nel 1914 a Ridanna (Tirolo) studia a Bressanone e a Mill – Hill (Inghilterra).

Insegna tedesco nel circondario di Vipiteno. Attività vietata dal Fascismo, dato il divieto, viene svolta in segreto, da lì il nome "Katakombenschulen" (Scuole nelle catacombe).

Nel 1939 si laurea in filosofia presso la Università di Innsbruck. Nello stesso anno è assunto come redattore presso il quotidiano di lingua tedesca "Dolomiten" e ancora sempre nello stesso anno viene eletto come primo capo del neo istituito gruppo "Andreas Hofer", composto da giovani "non optanti".

A questo punto si incontra una nuova parola storica: "Opzioni".

Questa parola nasce dall'incontro a Berlino ed è la conseguenza di un accordo per definire la questione Sudtirolese.

Nel settembre del 1939 si insedia a Bolzano, presso l'Hotel Bristol l'ufficio germanico per l'immigrazione ed il rimpatrio (ADEuRSt- Amtliche Deutsche Ein – Und Rueckwander Erstelle) diretto dalla Obersturmbanfuehrer – Tenente Colonello Dottor Wihlhelm Luig e come sottoposto il Sudtirolese Avv. Walter Segna, che inizia la propaganda per la richiesta di trasferimento in Germania della popolazione dell'Alto Adige che sceglie – tramite l'opzione – di ottenere la cittadinanza tedesca, il tutto doveva concludersi entro il 31 dicembre 1939.

Il Vescovo di Bressanone Mons. Geisler diede la sua adesione, optando per la Germania, mentre il Vescovo di Trento Mons. Celestino Endrici – allora anche di Bolzano, si mostrò contrariato.

Notevole fu l'intervento, a favore delle opzioni pro-Germania, del "Gruppo Popolare Combattente del Sudtirolo; una organizzazione giovanile clandestina, presieduta da Karl Nicolussi-Leck.

Il Volgger per la sua attività di contrasto, viene arrestato dai tedeschi, occupanti dell'Alto Adige e trasferito in vari campi di concentramento (Reichenau e Dachau).

Ritornato in Sudtirolo nel 1945 aderisce alla SVP (Partito Popolare Sudtirolese) e partecipa al primo congresso tenuto il 9 e 10 febbraio 1947.

Volgger, per il periodo 1948 – 1953, ricopre l'incarico di Deputato al Parlamento Italiano.

Nel 1957 viene arrestato per sospetta complicità negli attentati dinamitardi e subito rilasciato perché innocente.

Poi dal 1960 al 1968 consigliere Provinciale per l'Alto Adige ed infine dal 1968 al 1972, Senatore della Repubblica Italiana:

Per anni giornalista del Quotidiano "Dolomiten", muore il 15 maggio 1997.

Però, in merito ad una probabile annessione all'Austria del Sudtirolo, si mosse prima una "presunta" delegazione francese che sempre per prima si affacciò alla "Stazione di Bolzano".

Questo "sparuto" gruppo fu il primo contingentamento alleato, dopo il trattato di pace, ad "affacciarsi" all'Alto Adige.

Era presieduto da un certo capitano Clairval con i colleghi David, Gillet, Farreau e Jaquett.

Questo gruppo fu molto presente nel territorio, ma molto assente nei confronti della vera realtà; si dimenticarono fra l'altro, di far cessare la pubblicazione locale del giornale Filo-Nazista "Bozner Tablatt" (fatto chiudere in seguito dagli americani).

Lasciarono in carca il Prefetto di Bolzano Tinzl, il quale dovette consegnare, su esplicita richiesta, i fondi giacenti composti da 23 milioni di lire.

Poi, muovendosi quasi turisticamente, ascoltarono con simpatia le richieste Suedtirolesi di adesione all'Austria.

A questo punto, gli americani intervennero pesantemente, anche con l'autorizzazione del capo francese Generale De Gaulle e procedettero a far ritornare lo spaurito gruppo francese, compiendo a Merano persino all'arresto del Capitano Jaquett.

E i russi cosa facevano a Bolzano? Chi vedevano e che cosa avevano in mente?

Stalin aveva le idee chiare in merito, aveva già occupato, conformemente agli accordi con gli alleati, parzialmente l'Austria.

L'Europa Orientale aveva già fatto la stessa fine e Stalin temeva una sola cosa: l'occupazione del nuovo "Vallo Alpino", già in precedenza annunziato, quale ultima difesa delle truppe naziste.

Tutto derivava dalla nuova posizione nata dall'incontro di Postdam, dove il nuovo Presidente americano Truman, al contrario del precedente, aveva imposto un nuovo atteggiamento rigido nei confronti dei sovietici.

L'America, sconfitta la Germania, temeva l'arrivo di un nuovo potente nemico quale l'URSS.

Gli americani capirono immediatamente che l'Austria era strategica per la loro difesa e la tenuta delle Alpi era fondamentale.

La prima iniziativa era di poter "raccogliere" tutti i personaggi interessanti del vecchio regime nazista. Così vennero "raccolti" numerosi personaggi, suggeriti da alcuni transfughi che avevano contattato gli americani prima ancora della disfatta totale.

Attivo in questa operazione fu il generale Gehelen, già addetto al servizio informazioni dell'esercito, diventando in seguito capo del neo servizio segreto della Repubblica Federale Tedesca, carica che tenne fino al 1968, facendo arrestare in totale ben 3607 spie sovietiche.

Gli successe un altro ex nazista il Generale Gehrard Wessel, suo sottoposto.

I russi intuirono che gli americani, usufruendo la strategia del "Piano Marshall", proposto e adottato dagli USA per assistere l'Europa disastrata dalla recente guerra, potevano contrastare i loro piani di espansione.

Il generale George Catlett Marshall era stato Capo si Stato Maggiore dell'Esercito, con un interesse primario per il controspionaggio.

Per aver proposto e fatto adottare il Piano, Marshall ricevette nel 1953 il premio Nobel per la pace.

Per fare adottare il Piano nei confronti dell'Austria c'era purtroppo un inghippo procedurale data l'incognita esistente nei confronti di una Stato precedentemente assorbito dalla Germania.

Però le esigenze politiche ed umane presero una posizione primaria.

Gli aiuti furono di circa un miliardo di dollari e fu un aiuto interamente gratuito per le zone occidentali dell'Austria, mentre le regioni orientali, più colpite dagli eventi bellici e sottoposte all'occupazione sovietica ottennero un modesto aiuto dall'ERP (European Recovery Program) l'ente americano preposto alla distribuzione degli aiuti.

Inoltre l'Austria stava affrontando l'esodo verso il suo territorio di profughi (Volksdeutsche) che vennero equiparati ai cittadini Austriaci.

La barriera alpina rimaneva intangibile anche perché l'iniziativa americana del Piano Marshall era collegata anche alla creazione dell'accordo difensivo (antisovietico) e l'Alto Adige era un punto chiave con la creazione, in seguito, di una base missilistica.

I russi tentarono, con la scusa della difesa dell'identità Austro/Sudtirolese, di opporsi alla posizione americana di far rimanere quel territorio all'Italia.

Tutto si concluse fra il 21 settembre 1946 ed il 4 dicembre dello stesso anno.

Nonostante i due interventi – uno il 21 settembre da parte del ministro degli Esteri della Repubblica Sovietica dell'Estonia G. Krouepus e quello del 4 dicembre dello stesso ministro deli esteri della Repubblica Socialista Sovietica Molotov – l'occidente manteneva la sua fermezza e l'Alto Adige rimase al territorio Italiano.

Il misterioso agente russo però continuava ad esistere e cercava di muoversi in una realtà che non gli era certamente amica, anche perché gli Stati Uniti avevano creato una forte base di attenzione a Trieste che suggeriva ogni intervento di contrasto.

In tutta questa atmosfera si muoveva agilmente un personaggio misterioso dal nome: Walter Segna.

Questo personaggio, nato nel 1908, esercente la professione di avvocato a Bolzano, aveva intuito abilmente di collaborare con i tedeschi, lavorando per loro presso l'Hotel Bristol di Bolzano, a favore delle opzioni.

Si fa notare e viene inserito nel 1942 nelle SS al seguito del Generale Harster, prima in Olanda e poi in Italia a Verona, con il grado di Tenente. Tiene i collegamenti con il Partito Repubblicano fascista.

Poi, il colpo di fortuna, è lo stesso Harster che gli fornisce una forte possibilità di farsi notare, ed è la famosa "Operazione Conte Ciano".

Himmler, il Capo delle SS, autorizza tale operazione, cioè l'acquisizione dei diari di Ciano, il genero di Mussolini, condannato per tradimento e per tale motivo fucilato a Verona.

La vedova Edda Ciano deteneva i diari che il marito aveva redatto per molti anni, con giudizi pericolosi nei confronti dei gerarchi nazisti.

Hitler informato bloccò tutto, ma Harster fece lo stesso proseguire l'operazione.

Segna, con l'aiuto di Frau Beetz che aveva seguito per ordine di Himmler, gli ultimi giorni di Ciano, cercò – tramite una somma di cento milioni di lire – di acquisire i diari, però l'operazione non andò a termine.

Ormai Segna sta cogliendo lo sviluppo negativo della conclusione della guerra e si reca a Milano dove a fine aprile si arrende alle truppe americane, ma nonostante l'opposizione britannica che lo scheda come criminale di guerra, viene "salvato" dagli Stati Uniti che sono attenti alla sua posizione in merito agli avvenimenti alla resa delle truppe sotto il comando del Generale Wolff, braccio destro di Himmler e per tale motivo aveva dei poteri enormi, poteri che portarono alla conclusione della resa delle truppe tedesche in Alta Italia, tramite l'operazione "Sunrise".

Ciò comportò un comportamento benevole da parte degli alleati, nonostante la sua schedatura come criminale di guerra.

Interessante a tale riguardo la lunga intervista, concessa presso il Palazzo Ducale di Bolzano, all' Ufficiale alleato Donald Gurrey, la sua sicurezza risulta glaciale, in un ambiente riccamente arredato, circondato da uno stuolo di fedelissimo personale, comprese le "bellissime" Ausiliare SS, tutte ben vestite e non in divisa.

Wolf dopo la guerra tornò ripetutamente in Alto Adige a godersi delle piacevoli vacanze.

Fra i tanti arrivi ve ne è uno conseguente ad un triste fatto di cronaca, l'occupazione della Prefettura di Bolzano da parte di 500 dimostranti.

Il Prefetto Quaini capì il momento di tensione dovuto alle mancate richieste del popolo di lingua tedesca nei confronti di una possibile concessione di Autonomia.

Purtroppo tutto ciò comportò ad una iniziativa violenta da parte di alcuni.

La via del terrorismo iniziò allora e comportò l'arrivo degli esplosivi e delle armi.

Tutto inizio il 26 aprile 1946.

Qualcuno sparò contro le conduzioni elettriche delle linee ferroviarie.

Il 28 giugno 1946 la linea ferroviaria di Trento ad Ora fu oggetto di un attentato esplosivo.

In precedenza il 2 maggio 1946 toccò ad un pilone dell'alta tensione nei pressi di Campegno.

Il 3 luglio 1946 veniva attentato alla vita di un soldato di sentinella alla centrale della Montecatini a Ponte Gardena.

Ancora il 22 luglio 1946 venne danneggiata la linea ferroviaria Trento-Bolzano.

Il 7 agosto 1946 a Caldaro venne fatto saltare un traliccio e così pure il 23 gennaio 1947 a Gargazzone.

Nello stesso mese in un quartiere di Bolzano (Oltrisarco) furono tagliati i fili telefonici.

A Nalles si tentò di far saltare un altro pilone della linea elettrica della Società Edison.

Nella zona di Bressanone furono imbrattate alcune vetrine di negozi di commercianti che avevano a suo tempo optato per l'Italia.

Purtroppo tutto ciò sarebbe stata la premessa di ciò che sarebbe esploso dieci anni dopo nell'autunno del 1956, un seguito interminabile di attentati terroristici che colpiranno tralicci, caserme e linee ferroviarie.

Appaiono le prime sigle indipendentiste, quali il "BERG ISEL BUND", il "BAS – Movimento per la liberazione del Sudtirolo.

Nascono i primi contrasti in seno al partito unico dei sudtirolesi, la SVP (Sudtiroler

Volkspartei – Partito popolare Sudtirolese).

L'elezione nel 1957 di Hans Stanek a segretario, compromesso in passato con il nazismo, porta ad alcune divisioni interne.

Stanek, questo nome lo si troverà in seguito i un fascicolo di indagine presso la Procura di Bolzano.

IL CASO STANEK

Il caso Stanek nasce da un verbale di perizia datato 4 marzo 1961, redatto in base all'art. 316 e seguenti C.P.P.

Il quesito pone i seguenti interrogativi:

1) Quali tipi di operazioni sono state poste in essere – quali versamenti sono stati effettuati e quali siano le correlazioni fra loro.

2) Quali sono le provenienze di tali versamenti.

Il verbale seguente datato 12 gennaio 1962 e firmato dal Giudice Istruttore Dott. Mario martin chiede in merito all'imputato Dott. Hans Stanek, i seguenti dati:

"Natura, ammontare, casuali dei conti bancari intestati od amministrati dall'imputato".

Le banche interessate sono:

Credito Consorziale Bressanone

Cassa di Risparmio di Bolzano

Consorzio Risparmi e Prestiti di Bolzano.

Dai risultati dell'indagine risultano movimenti intercalanti fra i seguenti soggetti:

Suedtirolin in Wort und Bild,

Dr. Eduard Widmoser,

Hans Schmit,

Prof. Maximoff (uno strano ritorno di presenza).

Di questo Schmit nulla si sa, personaggio che ritorna insistentemente nei movimenti bancari come per il Widmoser Eduard, il quale si attiva in data 27 agosto 1960 per un giroconto di lire 771.380 fra il “Suedtirolin Wort un Bild” e il “Landesfond fur Erziehungs hilfe”.

La carta è intestata: “Bergisel – Bund”.

Dalla perizia risultano molti movimenti bancari a nomr “Hans Schmit” con recapito presso il “misterioso” Prof. Maximoff.

A tale riguardo la perizia segnala numerose perplessità su movimenti “incogniti” e sulla mancata identità dei soggetti che ritirano i blocchetti assegni relativi ai conti bancari.

Oltre ai conti intestati a Stanek Hans, vi sono quelli facenti capo a:

Ditta “Carsten di Stanek”,

Ditta “Plose”di Stanek.

Alcuni pagamenti riguardavano la “Ditta Vanzo” e la perizia sottolinea il fatto che:

“E’ da dubitare che siano esclusivamente relativi all’azienda”

Ma chi era Stanek?

Stanek proveniva da una famiglia tedesca-Boema.

Nel 1923 si laurea in giurisprudenza ad Innsbruck.

Ricopre la carica di Sindaco di Bressanone dal 1943 al 1945, sotto l’occupazione tedesca.

Finita la guerra viene arrestato dagli alleati e rimane in un campo di prigionia per cinque mesi.

Al suo rientro copre la carica di Segretario della SVP dal 1957 al 1965.

Dal 1960al 1964 è stato consigliere Regionale del Trentino Alto Adige.

Fu arrestato dopo “la notte dei fuochi” (attentati) e fu assolto nel 1964 per mancanza di prove.

Dalla lettura della relazione di perizia si nota una struttura denominata:

“BERGISEL-BUND, SCHUTZ VERBAND FUR SUDTIROL (BIB)” – “LEGA DEL MONTE ISEL PER LA TUTELA DEL TIROLO DEL SUD”.

E’ una organizzazione austriaca fondata nel 1954.

Questa Associazione fiancheggiò i terroristi del “BEFREIUNGSAUSSCHUSS SUEDTIROL”.

Il nome “BERGISEL-BUND” si collega ad un vento storico relativo alle guerre napoleoniche.

Nelle battaglie del monte Isel gli Schutzen, comandati da Andreas Hofer, erano riusciti a sconfiggere le truppe francesi.

Lo statuto di tale Associazione venne approvato il 9 aprile 1954, alla presenza di:

FRIEDL VOLGGER,

EDUARD REUT-NICOLUSSI,

FRITZ RANZI,

BENEDIKT POSCH,

EDUARD WIDMOSER.

Nel 1957 da questa associazione nasceva la "FREIHEITSLEGION SUEDTIROL" (FLS).

Nel giugno 1961 a Zerner in Svizzera si incontrarono:

ALOIS OBERHAMMER,

WOLFANG PFAUNDLER,

EDUARD WIEDMOSER, personaggio citato nella Perizia Giudiziaria del Tribunale di Bolzano,

KURT WELSER del BIB,

GERORG KLOTZ e LUIS AMPLATZ del BAS.

In quella occasione fu organizzata la cosiddetta "Notte dei Fuochi".

Dall'esame della documentazione e dalle indagini attuate si scoprì: il BIB aveva proceduto alla raccolta dei finanziamenti illeciti nei confronti dei terroristi.

Le indagini portarono a scoprire che sotto il nome di Hans Schmit si celava Eduard Widmoser che aveva provveduto al finanziamento degli attentati, mediante conti correnti bancari.

Tutto ciò porto al primo maxi processo (attentati in Alto Adige, compresa la notte dei fuochi) presso la Corte d'Assise di Milano del 9 novembre 1965 nei confronti di 91 imputati, di cui 68 presenti (22 in stato di detenzione e 46 liberi) e 23 latitanti.

CAPITOLO SECONDO

MERANO E DINTORNI

Numerosi personaggi in fuga dalla Germania sconfitta non si fermarono a Bolzano ma proseguirono per Merano, città non bombardata perché "Città ospedaliera".

Le sue ville erano intatte così come i numerosi "Misteri" che vi erano installati da tempo.

Città tranquilla perciò venne scelta come base operativa dalle SS, con incarico dirigenziale allo Sturbannfuhrer Friedrich Schwend.

Dal 1944 Schwend, dal castello di Labers, cominciò ad investire le banconote false stampate nel corso dell'"operazione Bernhard".

Tutto questo denaro era giacente presso tre grandi magazzini vicini all'ippodromo di Merano.

Oltre al denaro falso vi erano depositati oro, gioielli e denaro regolare, quali dollari e sterline.

Inoltre, questo tesoro nascosto, avrebbe dovuto agevolare la fuga dei nazisti dalla Germania.

La famosa "Ratlines – via dei Topi", così come descritto – in seguito – dal Servizio Segreto (CIC) Americano in un rapporto datato 4 giugno 1945.

Altra via di fuga è la cosiddetta "via dei Conventi", più volte indicata come una possibile attività di assistenza da parte di alcuni religiosi.

Inoltre, la più attiva è la misteriosa Associazione nazista "Odessa" (Organisation der Ehemaligen SS – Angehorigen – Organizzazione degli ex – membri delle SS).

Questa Organizzazione si presume sia stata fondata nell'agosto 1944 presso l'Hotel Maison Rouge di Strasburgo:

all'incontro partecipavano alcuni industriali e personalità militari.

Lo scopo principale era quello di trasferire ingenti somme all'estero e di finanziare la fuga di personaggi nazisti,

il denaro veniva destinato presso Banche neutrali e da lì verso paesi esteri quali l'Argentina e il Paraguay, nello stesso tempo si sarebbero costituite numerose società commerciali.

In tale modo alcuni criminali di guerra, quali fra gli altri: EICHMANN e MENGELE, trovarono rifugio in Sud America:

EICHMANN, responsabile – fra gli altri – del "Genocidio Ebraico" riuscì ad arrivare a Buenos Aires tramite un documento intestato a Ricardo Klement, nato a Bolzano il 23 maggio del 1913.

EICHMANN venne individuato nell'agosto del 1959 dal servizio segreto Israeliano, rapito, giudicato, condannato all'impiccagione.

Odessa aveva organizzato una rete viaria di fuga chiamata "Spinne –(Ragno) che si dipanava lungo l'autostrada Monaco-Salisburgo, poi verso l'Alto Adige, poi Genova.

Ogni 50 Km vi era uno scalo (Anlaufstelle) centro di ricezione.

Poi si dipanava attraverso due linee: via dei Ratti (Ratliline) e via dei Monasteri.

L'Odessa si muoveva seguendo cinque obiettivi.

Il primo era reinserire i personaggi meno noti del nazismo nella nuova Germania.

Il secondo mirava ad avere una presenza nel mondo politico tedesco.

Il terzo acquisire attività commerciali e industriali.

Il quarto fornire l'assistenza legale e finanziaria ai nazisti in difficoltà.

Il quinto obbiettivo, il più partecipato ed intenso, è rivolto verso la propaganda. Lo scopo è di convincere di tedeschi che i nazisti erano dei veri patrioti.

SCHWEND era un operatore di Odessa, ma non era solo, aveva un superiore il colonello delle SS WALTER RAUFF. RAUFF seguiva personalmente l'andamento del suo lavoro, giungendo persino una volta a Bolzano per seguire l'operazione "AKTION FEURRLAND", diretta espressamente per il salvataggio dei nazisti.

Nel frattempo Schwend aveva assunto un nome falso, per non essere scovato dai servizi segreti americani che lo avevano già individuato nell'estate del 1944, col nome di dottor Fritz Wendig.

Con questo nome e con l'aiuto del console svizzero Alberto Crastan, proprietario del castello di Rametz a Meano, procedette all'acquisto delle cave di Lasa e alcuni alberghi e castelli, inoltre nascose delle quantità di oro in Tirolo ed in Svizzera, compreso denaro e gioielli.

Tutto ciò certamente in coordinamento alla attività del Rauff che aveva proceduto a ricattare il popolo ebraico di Tunisi ed a farsi consegnare un ingente quantitativo di oro che aveva immediatamente trasferito in Spagna.

Ma che era questo personaggio dal nome Walter Rauff? Che dirige questa consistente operazione di finanziamento a favore dell'Odessa, operazione dal nome "Wendig"?

Walter Rauff, nato il 19 giugno 1906, muore il 14 maggio 1984 a Santiago del Cile.

Era un uomo di un'intelligenza intuitiva notevole. Sapeva muoversi con abilità nella gerarchia superiore e con i gerarchi nazisti quale Martin Bormann, il segretario di Hitler.

Nel 1941 inventa i terribili "Furgoni a gas" che uccisero circa 150.000 persone.

Nel 1943 è a Milano e collabora con il generale Karl Wolff al fine di raggiungere una pace con gli alleati.

A Milano Rauff ha alle sue dipendenze l'agente guido Zimmer che tiene i contatti tramite il servizio segreto, con gli Americani in Svizzera.

L'operazione (operazione Sunrise) viene confermata da parte tedesca, nell'incontro di Verona nel novembre 1944 a cui partecipa lo stesso Rauff e Zimmer, il generale Harster rappresentante del generale Wolff, attualmente a Bolzano e capo di tutte le truppe del nord Italia e il tenente Walter Segna.

Questo incontro porto alla resa delle forze armate tedesche in Italia il 29 aprile 1945.

Nel contempo vennero emanate le direttive finali per il completamento della linea di fuga dei gerarchi nazisti. (Aktion Feuerland).

Così facendo i presenti a quella riunione sfuggirono ad una probabile condanna come criminali di guerra, accantonata dagli alleati nei loro confronti.

Rauff, dopo varie vicende, scomparve e riapparve definitamente in Cile, sotto la protezione dello stesso Dittatore Cileno Pinochet, come membro attivo della ACHA (Azione Cilena Anticomunista e Antiebraica).

Zimmer Guido si trasferisce a Roma e chiede la cittadinanza Italiana.

Il generale Wolff, già braccio destro di Himmler, vivrà fino al 1984 in Baviera e passerà numerosi e piacevoli periodi in Alto Adige, scrivendo le sue memorie, nonostante l'accusa di aver partecipato al massacro di circa 300.000 Ebrei nell'Europa Orientale.

Infine il tenente sudtirolese Walter Segna che nonostante anche lui segnalato come criminale di guerra, potrà vivere serenamente gli ultimi anni della sua vita a Bolzano, lasciando l'ultimo ricordo della sua esistenza nell'avviso della scadenza della concessione comunale della sua lapide -presso il Cimitero di Bolzano- in data 2009.

Ingiustamente, per gli avvenimenti storici che lo riguardavano, viene citato in seguito- con poche parole; "solerte funzionario per le Opzioni a favore delle Germania".

Venne notato ed apprezzato e Il 19 gennaio 1943, entra nelle SS.

Però Segna non ha una vita così limitata, è invece una vita sempre in gioco.

Molti fattori giocavano -all'inizio- a lui in sfavore:

era nato sudtirolese, ciò era di nessuna importanza nella gerarchia tedesca;

aveva scoperto tardi il Nazismo;

era entrato solamente nel 1942 nella SD (il servizio di sicurezza della SS);

aveva operato in Olanda (ed è lì che viene accusato di aver agito alla deportazione degli Ebrei).

Però aveva a favore alcuni punti molto importanti:

era entrato nella cerchia preziosa del generale Harster, quando lui operava in Olanda;

si era mosso in vista dell'operazione Conte Ciano per il recupero dei diari;

era stato attivo nella operazione Sunrise (Accordi di Pace).

Ma l'abilità più grande era stata quella di intuire:

1) di mettersi in evidenza per non ottenere delle pericolose "promozioni", in ambienti colmi di invidia;
2) di sfuggire all'inoltro in zone di guerra pericolose e di morte certa, come per tanti sudtirolesi;
3) di usufruire della sua abilità diplomatica;
4) di mantenere contatti con altri sudtirolesi sotto le armi che avrebbero potuto essere utili al rientro in Patria;
5) di aver intuito prontamente che sarebbe stato necessario organizzare delle vie di fuga alla fine della guerra;
6) di prevedere la necessità degli americani di avere delle persone di fiducia nel mondo sudtirolese.

Il quotidiano di Bolzano "Alto Adige", con un articolo datato 1° settembre 1945, lo cita così:

" I carabinieri arrestano nel Renon il Dottor Walter Segna, losca figura di spione rinnegato, nativo di Mezzolombardo e residente a Bolzano, già funzionario della Delegazione Germanica per le Opzioni, ed egli stesso optante per la Germania.

Aveva operato agli ordini del generale Haster, dopo l'8 settembre, capo supremo della Gestapo in Italia.

Nell'aprile 1945 aveva trattato a Milano con il colonello germanico Rauff e lo stesso Rauff aveva organizzato la resa dei reparti tedeschi agli alleati, entrando in trattative col Cardinale Schuster ed il generale Cadorna, comandante dei Partigiani Italiani.

Arrestato, era fuggito, per poi nascondersi in un convento adi Ancona e quindi -poi- al maso Patschneider di Renon dove è stato nuovamente arrestato e consegnato alla polizia alleata",

Nel 1948, però, gli alleati non procederanno come d'accordo, ad inquisirlo.

Per gli alleati Segna era una fonte continua di informazioni.

La prima, dopo aver interrogato la segretaria del Gen. Wolff Emma Kroll, era di poter capire dove era sparito parte del patrimonio artistico di Firenze, trasportato al Palazzo Ducale di Bolzano.

Inoltre Segna conosceva l'itinerario dei fuggitivi nazisti che a Bolzano avevano due punti di sosta: in via Leonardo da Vinci 24 ed in via Molini.

Ancora importante avere l'elenco degli aderenti alla SOD (Sudtiroler Ordnungsdienst) , una Polizia locale costituita dai Nazisti e sotto il comando della SIPO (Sicherheits Polizei – Polizia di sicurezza) e diretta dal bolzanino Springet Luigi. Gli altri collaboratori di Springer si chiamavano: Webhofer Ambrogio di Valdaora di Sotto, Lanz Filippo di Bressanone, Aigner Karl di Colle Isarco, Korciak Alberto di Bolzano quartiere Oltrisarco, Regensberger Tommaso di Perca di Brunico, Zingerle Isidoro di Fortezza, Nussbaumer Carlo di Chiusa.

All'esterno della struttura vi era il capitano delle SS Gustav Ghedina di Salorno e l'Avv. Fritz von Aufschneiter di Bolzano.

La SOD veniva impiegata nel perquisire, casa per casa, al fin di poter arrestare rifugiati, soldati italiani, cittadini senza documenti.

Gli uomini della SOD erano sudtirolesi senza uniforme, armati e come segno esteriore avevano un bracciale sul lato sinistro.

Il maggiore delle SS August Schiffer ed il suo sottoposto il capitano delle SS Fritz Rosmanekera usufruivano dei servizi della SOD per requisire beni rubati agli ebrei arrestati e accumulati nella villa espropriata al primario del locale ospedale.

Tali beni erano maggiormente inviati in Austria, inoltre ricattavano i contadini della val Passiria, val d'Ultimo e Castelrotto dichiarando che avrebbero potuto salvare dal plotone di esecuzione i loro parenti accusati di diserzione.

Merano intanto rimaneva immersa nei suoi pensieri.

Un caso suscitò notevole curiosità ed indagini e si svolse proprio a Merano e riguardava un furto avvenuto in data 15 febbraio 1946 in una villa di Merano da parte di Sonia Ballasha, tedesca, sedicente principessa Elfi von Pless, amica di Heinrich Wolter, membro di una organizzazione segreta del Terzo Reich e socia di affari del Barone Alexander von Hopfner.

Il furto avvenuto nella villa proprio di Hopfner.

Lui era un funzionario della Gestapo, dopo il fallito attentato del 20 luglio 1944 contro Hitler, riceve in custodia il diario di Canaris, capo del servizio segreto, giustiziato il 9 aprile 1945 per aver partecipato alla congiura.

Hopfner, nel febbraio 1946, era passato al servizio segreto inglese.

Impaurito dagli inglesi che vogliono il diario si accorda con l'amico Wolter nel fingere una rapina.

Viene arrestata la Ballasha il 9 gennaio 1947 a Milano e condannata a due anni e cinque mesi di reclusione.

Il diario di Canaris trattava il periodo da marzo 1943 a luglio 1944.

Questo episodio è ancora avvolto dal mistero.

Misteri che rimasero nascosti completamente nei ricordi del generale Wolff, ricordi che contemplavano anche il suo incontro con PIO XII con la speranza di poter raggiungere una pace con gli alleati.

Nemmeno i due incontri, avvenuti nel palazzo Ducale di Bolzano, portarono a delle conclusioni.

Il generale Wolff rimase gentile, ospitale e vago.

Sia l'ufficiale inglese Donald Gurrel che il colonello Russel Livermore non ebbero risposte esaurienti.

Nel frattempo il Sudtirolo attendeva lo scorrere del tempo per poter provvedere in merito al suo destino.

Il "Volkischer Kampfring Sudtirolos (VKS – Circolo Combattente Popolare del Tirolo Meridionale e anche Fronte Patriottico Sudtirolese – fondato nel 1933 da Peter Hofer che era stato prefetto della zona Tirolese sotto i nazisti) si muoveva nell'ambito degli alleati per ottenere l'unione con l'Austria.

Vennero aperte diverse sezioni del VKS a Bressanone, Merano, Val Venosta, Vipiteno, Val Pusteria, Bassa Atesina e Oltradige.

Già nel 1935 il VKS istituì la "Not Schule" (le scuole d'emergenza) ,una scuola segreta per insegnare il tedesco.

Il tipo di insegnamento proposto era filonazista, in contrasto con lo spirito cattolico delle "Katacombenschule" (la scuola delle catacombe).

Tale posizione si trovò in netto contrasto con lo spirito educativo espresso dal Canonico Michael Gamper, nettamente contrario alle opzioni in Alto Adige ed alla richiesta nazista di trasferire la popolazione di lingua tedesca nei territori germanici.

Ecco un nome importante per la storia del Sudtirolo:

MICHAEL GAMPER

Michael Gamper nacque a Prissiano di Tesimo il 7 febbraio 1887 e morì a Bolzano il 15 aprile 1956.

Venne ordinato sacerdote nel 1908, laureato in teologia.

Dopo l'affidamento di alcune parrocchie, venne nominato canonico nella collegiata della parrocchiale di Bolzano.

Per le sue qualità giornalistiche gli venne affidata la direzione del nuovo quotidiano "Sudtiroler Volksbote".

La prima uscita porta la data del 3 settembre 1919.

Nella vita di monsignor Gamper l'anno 1921 è fatidico.

Oltre l'attività curiale, l'attività giornalistica è intensa tanto che viene chiamato alla presidenza della casa editrice "Tyrolia Verlag" che dovette cambiare il proprio nome, per i divieti fascisti inerenti le denominazioni in lingua tedesca, in " Athesia" (il nome latino della valle dell'Adige). Nome ancora oggi conservato dalla stessa Azienda tipografica.

Poi improvvisamente arrivò sulla terra del Sudtirolo una bufera storica: le opzioni.

LE OPZIONI

IL 23 Giugno 1939 si riunirono presso il Comando Generale delle SS a Berlino due delegazioni, una italiana ed una germanica.

La delegazione italiana era composta dall'Ambasciatore a Berlino Attolico, il Prefetto di Bolzano Mastromattei, il Consigliere di Ambasciata a Berlino Magistrati, il Console ad Innsbruck Romano ed un funzionario del Ministero degli esteri Lanza D'Aieta.

Quella tedesca era rappresentata principalmente dal capo delle SS Himmler.

La conferenza durò circa due ore e fu segreta.

Non fu redatto un testo ufficiale in materia agli accordi conclusi.

Improvvisamente il 14 luglio 1939 un giornale francese "Le Tempe" pubblica un articolo che rileva il programma delle "Opzioni" relative alla popolazione dell'Alto Adige.

Costretto da quella indiscrezione giornalistica, il governatore tedesco ammette la veridicità delle notizie e così pure deve farlo il governo italiano.

A quel punto la camera dei fasci e delle corporazioni approva una legge, pubblicata sulla Gazzetta Ufficiale del 2 settembre 1939, composta da sette articoli che rese possibili, sotto profilo giuridico le opzioni.

Il primo articolo si riferisce alle "persone di origine e lingua tedesca", ed insieme all'articolo due determina la procedura relativa alla rinuncia della cittadinanza.

Gli altri articoli si riferiscono a situazioni particolari.

Da quel momento partì, da parte nazista, una intensa propaganda al fine di poter ottenere un plebiscito di adesioni da parte della popolazione di lingua tedesca e a tale proposito vennero istallati appositi uffici a Bolzano, Merano, Bressanone, Vipiteno e Brunico.

Però subito all'inizio vi fu una decisa opposizione diretta principalmente dal Canonico Gamper, fiero oppositore del nazismo, con il pieno appoggio dell'allora vescovo di Trento e Bolzano Mons. Celestino Endrici ed il contrasto del Vescovo di Bressanone favorevole alla opzione ai nazisti Mons. Geisler, così come il suo Vicario Mons. Alois Pompanin, fervente nazista.

Il giorno 21 ottobre 1939 a Milano gli accordi vennero sottoscritti dal Prefetto Mattei e dal console germanico a Milano Ottobene.

L'accordo presenta la seguente intestazione:

"Norme per il rimpatrio dei cittadini germanici e per l'immigrazione di allogeni tedeschi dall'Alto Adige in Germania".

Con questo accordo venne siglata la nuova tragedia del popolo sudtirolese.

Il popolo tedesco viveva principalmente nel mondo agricolo, con la eventuale scelta di trasferirsi nel territorio germanico doveva scegliere di vendere la loro proprietà al mercato libero oppure ad un ente preesistente quale "L'Ente Tre Venezie" di stampo fascista.

Gli optanti non potevano trasferire il denaro in Germania, ma tenerlo depositato presso un conto denominato "Alto Adige", aperto presso un istituto dei cambi a favore della "Deutsche Verrechnung Kasse",

il primo gennaio 1940 si può constatare che 88 per cento dei tedeschi avevano optato per la Germania, così pure il 55 per cento dei ladini.

In totale furono 198.784 gli optanti per la Germania.

Però alla fine la cittadinanza germanica fu concessa a 130.000 persone e solamente il 15 per cento degli optanti ebbe la possibilità di potersi stabilire in Germania.

Si dovette attendere l'accordo fra Alcide De Gasperi e Karl Gruber del 5 settembre 1946 per la revisione delle opzioni; ne segui il decreto legge 2 febbraio 1948 sulle opzioni.

La tragedia del popolo sudtirolese apparve evidente quando al rientro in Italia scoprirono che i fondi derivati dalla vendita dei beni, a suo tempo ceduti, erano spariti nelle casse naziste e non più rintracciabili.

A far fronte alla primaria esigenza della popolazione così rientrata, furono costruite delle apposite "case dei rioptanti".

Purtroppo la insistente propaganda nazista svolta prima delle opzioni dalla ADO (Arbeits-Gemeinschaft Deutscher Optanten) con a capo il generale Brunner aveva creato un dissidio fra la stessa popolazione sudtirolese e degli odi profondi nei confronti di coloro che si battevano nel rinunciare ad aderire a uno stato totalitario, anticristiano, come era allora la Germania.

Questa situazione fece nascere delle figure simboliche per il coraggio con cui resistettero all'oppressione nazista.

Oltre al canonico Gamper che denunciò tramite un suo scritto pubblicato nel 1940 "Ein Schrecklicher Verdacht – un terribile sospetto" l'uccisione di malati e disabili sudtirolesi da parte dei nazisti nell'ambito del programma "Aktion T4".

I nazisti non dimenticarono , dopo aver occupato l'Alto Adige nel settembre 1943, procedettero alla ricerca del Canonico al fine di arrestarlo, dato che per loro era un "Staatsfeind nummer 1 in Sudtirol" nemico pubblico numero uno in Alto Adige.

Monsignor Gamper, dopo essersi nascosto a Vanga di Renon, scende dalla Val Sarentino e raggiunge in auto Firenze, trovando rifugio in Toscana in un convento.

Il nazismo non aveva dimenticato l'impegno di Monsignor Gamper in merito alla scelta che il popolo sudtirolese doveva fare per quanto riguardava le opzioni.

Nei paesi sudtirolesisi erano formati due gruppi: "Optanten" (Partenti) e quello dei "Dableiber" (Restanti).

Il Canonico Gamper capì immediatamente che la parola "partenza" avrebbe decretato la fine del popolo sudtirolese che sarebbe stato "ingoiato" nell'impero nazista.

In quel momento Monsignor Gamper dichiarò una frase storica:

"Un popolo che lotta per ottenere unicamente quanto gli spetta per diritto naturale, garantito anche per iscritto, avrà dalla sua parte Dio stesso".

Purtroppo il collaboratore di Monsignor Gamper- il dottor Volgger- venne individuato, arrestato e deportato nel campo di concentramento nazista di Dachau.

Il dottor Volgger venne liberato dall'arrivo degli alleati.

In quel periodo vi fu un grande attestato eroico da parte di un altro cittadino sudtirolese: Josef Mayr-Nusser, nato a Bolzano il 27 dicembre 1910, dirigente dell'Azione Cattolica, aderì segretamente al movimento antinazista "Andreas Hofer Bund".

Al momento della creazione in Alto Adige della ZOP (zona di operazioni delle Prealpi), dovuta alla occupazione nazista del settembre 1943, Mayr Nusser venne arruolato nelle SS ed inviato a Konitz (Prussia Occidentale) presso una caserma per l'istruzione militare.

Al momento del giuramento, il 4 ottobre 1944, Mayr Nusser rifiutò di giurare fedeltà ad Hitler; da credente osservava quanto era indicato nella Bibbia "Lettera di Giacomo (5,12) Non vogliate giurare, né per il cielo, né per la terra, né con qualsiasi altra forma di giuramento".

Subito imprigionato, venne ordinato di inviarlo al campo di concentramento di Dachau.

Morì di stenti, durante il viaggio nella località di Erlangen il 24 febbraio 1945.

Per la sua vita eroica di credente fu dichiarato dalla Chiesa Cattolica Beato in data 8 luglio 2016.

Altro fulgido esempio di coraggio fu quello dimostrato da Franz Thaler, ricamatore sul cuoio, nato a Sarentino Bolzano.

Rifiutò anche lui di giurare ad Hitler e perciò fu internato a Dachau, riuscì a rientrare a Sarentino (Bolzano), riprendendo il suo lavoro e scrivendo un suo libro di memorie "Dimenticare mai", rimanendo un uomo semplice, con una profonda fede religiosa.

Paul von Sternbach nato a Chiusa il 29 luglio 1869, morto a Brunico il 22 ottobre 1948.

Eletto deputato nelle elezioni politiche del 1924 con il Deutscher Verband.

Nel 1927 il suo studio di avvocato a Brunico venne chiuso dalle autorità per attività antifascista.

Nel 1939 si batte contro le opzioni, diventando un leader dei Dableiber, per tale motivo all'arrivo dei nazisti nel settembre 1943, fu internato a Bolzano poi ad Innsbruck.

Nel 1947 fu tra i fondatori della Sudtiroler Volkspartei.

Eroica la morte di Richard Reitsamer, nato il 3 marzo 1901 a Freiburg.

Lavorava presso il maso Trenkwalder, situato a Monte San Zeno (Merano).

A differenza dei suoi fratelli e di suo padre, decise di optare per l'Italia.

Nel 1944 rifiutò di fare il servizio militare per i nazisti occupanti l'Alto Adige,

venne arrestato, condannato e fucilato l'11 luglio 1944.

Non chiese la grazia.

Le sue ultime parole, lasciando la sua cella furono: "Come devoto cattolico, non ho mai combattuto per Hitler".

Viene ricordato a Merano fra le 33 biografie che formano le "Pietre di inciampo" collocate nella strada di quella città.

Tutte queste testimonianze riportate sono state trascritte quali attestati di uomini non sottomessi alle armi, ma "Soldati" nella fermezza della propria identità.

CAPITOLO TERZO

I FUGGITIVI

Riccardo Terzo (Atto Quinto – Scena Quinta).

"Smussa la lama dei traditori che vorrebbero ancora quei giorni sanguinosi."

LA SOCIETA' SEGRETA "ODESSA"

Per affrontare l'argomento riguardante i fuggitivi nazisti dalla Germania occorre riprendere l'argomento riguardante la società segreta "Odessa".

L'operazione "Odessa" (Organisation der ehemaligen SS angehorige- organizzazione degli ex appartenenti alle SS) nella sua organizzazione operativa (Ratlines e via dei Conventi) dimostrò pienamente la sua capacità clandestina, permettendo la fuga di numerosi personaggi nazisti.

Questa organizzazione, tramite il suo ramo operativo principale (Spinne – Ragno) e la sua società di "esportazioni e importazioni reclutò numerosi autisti tedeschi che gli alleati avevano assunto per guidare, sull'autostrada Monaco – Salisburgo, i camion militari adibiti al trasporto del giornale dell'esercito Americano "The Stars And Stripes".

Questa organizzazione aveva un ramo potente di appoggio, diretto dall'ex capitano delle SS Franz Rostel (HADDAD SAID) con passaporto siriano, che trasferiva personaggi interessanti in Siria ed in altri paesi del mondo arabo.

Nel contempo l'Odessa, per le operazioni di carattere economico, aveva costituito numerose società all'estero; circa 112 in Spagna, 58 in Portogallo, 35in Turchia,98 in Argentina, 214 in Svizzera, 233 in vari altri paesi.

Altra attività, diretta principalmente nei confronti del mondo comunista, era di porre in salvo i fuggitivi dall'Europa Orientale.

"L'Internarium" – questo è il suo nome – era una organizzazione diretta principalmente da monsignor Krunoslav Draganovic, un prete croato residente a Roma e aiutato dal ramo femminile della organizzazione "Fede e famiglia".

Tale attività riuscì persino a far fuggire dal campo alleato di Rimini una intera divisione di SS Ucraine.

La parte finale era l'assistenza prestata dalla Croce Rossa Internazionale che riusciva a rilasciare persino 500 visti di imbarco al giorno.

Queste attività erano al corrente degli italiani e dalle Forze Armate Italiane.

In fin dei conti tutti avevano il vantaggio di far fuggire dall'Europa migliaia di persone che, in Europa del dopoguerra, avrebbero creato notevoli difficoltà amministrative.

E Bolzano? Bolzano era un nodo geografico strategico: un punto di incontro.

Furono trovate alcune abitazioni private e delle "oscure" sedi operative di sosta: una in via Leonardo da Vinci 24, dove si rifugiò il criminale di guerra Priebke.

Altri luoghi in Alto Adige si trovavano uno a Solda (Gran Hotel Solda), poi all'Hotel Bad Rateres - Siusi, alla locanda Goldenes Kreuz – Vipiteno,all albergo Castel Rundegg – Merano; questo albergo ospitò tutta la legazione Giapponese che era fuggita da Berlino ed infine, il luogo più importante, la locanda "Zia Anna" a Merano. Questa locanda ospitò alcuni personaggi nazisti ricercati, fra gli altri Kopps Reinhard (1914-2001), figura preminente nell'attività spionistica germanica.

Altro luogo di notevole importanza era il Comune di Termeno dove un funzionario compiacente rilasciava delle carte di identità false. Tra gli altri Adolf Eichmann, Josef Mengele, Ernst Muller, Theodor Kremhart la cui identità reale è ancora oggi ignota.

Alcuni personaggi si fermavano in Alto Adige e aprirono alcune attività economiche nel settore dell'antiquariato ed energetico.

Una società a Bolzano in piazza della Mostra, svolgeva l'attività di riciclo in azioni espansive americane. Persino presso l'hotel Figl a Bolzano operava Lantsacner Fritz, l'ex Gauamtsleiter Tirolese che aveva aperto una attività di costruzioni, poi si trasferì a Roma presso l'"Hotel Universo" e poi fuggì in Argentina.

WALTER SEGNA

Nuovamente, un altro potente e ignoto personaggio. Walter Segna (un uomo nel buio della storia), residente prima della guerra a Bolzano, Walter Segna è stato inseguito dai "numeri".

La concessione mortuaria – a lui intestata – scaduta nel 2009. Tomba assegnata il 28 maggio 1984 dal Cimitero di Bolzano.

Numero progressivo 108. Il primo numero e ultimo per Segna.

Secondo numero: il numero sei, il numero dell'allora tavolo tradizionalmente occupato in un ristorante (Stammtisch) – nel dopoguerra – nel centro di Bolzano.

Terzo numero:196.

196 è la pagina del Bollettino Ufficiale della Regione Trentino Alto Adige. Decreto del Presidente della Giunta Regionale 25 gennaio 1965 n° 11.

Oggetto: “Il Dottor Walter Segna rassegna le dimissioni dalla carica di Membro del Consiglio di Amministrazione della C.M.P.M. di Bolzano” (Cassa Mutua Provinciale di Malattia).

Quarto numero: 1940.

Un numero fondamentale nella vita di Walter Segna; Segna viene assunto, quale impiegato civile nell’ufficio per le opzioni, a favore delle Germania a Bolzano.

Quinto numero: 1943.

Viene coinvolto nella vicenda “Ciano” (deve reperire i famosi diari).

Sesto numero: 1945.

Viene fatto prigioniero dalle truppe americane a Milano.

Settimo ed ultimo numero, il più terribile per Segna, è il 601.

È il numero progressivo con il quale vengono schedati i presunti criminali di guerra.

Nello stesso elenco – fra i vari nomi noti – ci sono quelli di: Eichmann – Hitler – Mengele – Skorzeny (il liberatore di Mussolini) – Wolff Karl ex braccio destro di Himmler (altro criminale di guerra), nel 1945 negoziò la resa delle truppe tedesche in Alta Italia con gli alleati, all’insaputa di Hitler. Risiedeva in Provincia di Bolzano, in modo lussuoso presso il palazzo Ducale. Wolff venne, come Segna che partecipò come interprete alle trattative primarie a Milano in modo attivo e partecipativo con il capo delle SS Wilhelm Harster, che in seguitò dichiarò, per tentare di apparire estraneo alla vicenda, per timore di qualche rappresaglia filonazista:, “Non so quello che Wolff abbia potuto negoziare nei suoi ripetuti incontri in mia assenza in Svizzera e più tardi a Bolzano per se stesso e per i suoi protetti”. Harster venne graziato tramite l’intervento del capo del servizio segreto Americano Allen Dulles , grato per l’ ”Operazione Sunrise”.

Per Walter Segna, nel un suo “itinerario” , vi è la data 1939, il momento nel quale opta per la nazionalità tedesca.

Segna si trova in fila, con altri cittadini di lingua tedesca, fuori dall’Hotel Bristol a Bolzano, in attesa di essere chiamato dai funzionari nazisti, al fine di poter accettare la sua domanda a favore della cittadinanza tedesca.

Poi, nel 1940, lo si trova immortalato in una foto mentre è al lavoro negli stessi uffici presso l’hotel Bristol a Bolzano.

I nazisti trovano in lui un perfetto impiegato e, cosa più preziosa, un interprete essenziale per la lingua italiana.

Gli venne consegnato un “Reispass”, un documento essenziale nella Germania nazista.

In copertina del documento vi è una aquila nazista, poi – all'interno – il suo numero, la sua foto e così può iniziare la sua "avventura" germanica.

Al termine della guerra viene prima fermato dagli inglesi e poi consegnato agli americani.

La scheda, redatta dagli americani e relativa all'interrogatorio di Segna, riporta i seguenti dati:

"Walter Segna, nasce a Mezzolombardo, una cittadina trentina in Italia, il 10 novembre 1908.

Nel 1919 si trova iscritto presso il collegio "Sancti Bernardi in Mehererau- Bregenz" – pag. 23 del libretto di classe (libretto ritrovato in copia dall'estensore del presente libro).

Dopo aver studiato legge a Padova, Torino, Innsbruck, esercita l'avvocatura dal 1934 al 1938 a Bolzano, dopo aver prestato il servizio militare dal 1932 al 1933 con l'esercito italiano.

Il 16 luglio 1936 è nominato ufficiale italiano della riserva.

Dal 1938 al 1939 esercita l'avvocatura a Silandro, in provincia di Bolzano.

Nel 1939 opta per la nazionalità tedesca e nel 1940 viene assunto, come civile dalla "Umsiedlungs Kommission – la Commissione Tedesca per le opzioni" a Bolzano.

Nel marzo 1942 è rivestito dalla uniforme nera delle SS.

Molto più precisa è la scheda stilata dal servizio segreto degli Stati Uniti (CIA).

Dopo aver riportato i dati anagrafici di Segna, prosegue con quelli dei suoi familiari.

Padre: Josef, nato a Bolzano nel 1972

Madre: Reinisch Maria

Sorella: Else, nata nel 1906 – nome da sposata Amort

Figli: Oswald, nato nel 1941 – Margaret, nata nel 1944.

Moglie: Rudolfa Niederwieser, nata nel 1911 a Bolzano.

Poi l'incontro con il generale delle SS Wilhelm Harster, insieme in Olanda e a Verona. Poi il caso Ciano, la resa e la libertà.

Gli ebrei non dimenticarono e schedarono Walter Segna, nei loro Elenchi sulla Seconda Guerra mondiale: "Criminale di Guerra".

A questo punto occorre citare il suo diretto superiore: il generale Wilhelm Harster, uno dei più astuti fra i criminali di guerra della seconda guerra mondiale.

CHI ERA WILHELM HARSTER

Un personaggio a cui non era estraneo il territorio del Sudtirolo si chiamava Wilhelm Harster.

In sintesi la sua vita si raggruppa in poche righe: nato il 21 luglio 1904, morto il 25 dicembre 1991.

Laureato nel 1927 presso l'Università di Monaco. Assunto nel 1929 dalla polizia criminale. Iscritto al partito nazista il 10 maggio 1933. Arruolato nelle SS il 9 novembre 1933. Carriera rapida. Partecipa all'occupazione dell'Olanda e viene coinvolto nell'uccisione di più di 100.000 ebrei. In quella occasione conosce Walter Segna che diventa un suo collaboratore. Trasferito con Segna a Verona come comandante della sicurezza. A fine guerra viene catturato dagli inglesi e nel 1949 viene condannato per crimini di guerra a 12 anni. Rilasciato nel 1953. Perdonato definitivamente nel 1969. In pensione come funzionario pubblico. Muore nel 1991.

Il personaggio non svolgeva una vita così lineare come risulta dalla sua biografia ufficiale. L'uomo amava ostentare il potere del suo grado e forte della sua assenza di vizi e del suo frenetico impegno di lavoro.

Assume, fra vari incarichi, anche la gestione del campo di concentramento di Bolzano, nominando il suo autista Friedich Titho, uomo di fiducia.

Abilmente sempre in contatto con il suo Superiore Diretto Generale Wolf, iniziò, al termine della guerra, contatti con gli alleati per una resa delle forze germaniche.

La CIA, in seguito, dopo la morte di Harster, dichiarò che lui si era reso disponibile di lavorare con il servizio segreto della Germania postbellica. L'Italia non poté mai ottenere la sua estradizione.

Harster ramificò con abilità tutto il territorio sudtirolese, durante il suo periodo di comando, di numerose strutture:

a Bolzano la sede del Corpo d'Armata e presso la Caserma di Oltrisarco;

al Brennero, presso la stazione;

a Bressanone, all'hotel Posta;

a Brunico, presso l'ufficio postale;

poi ancora a Colle Isarco, a Merano, a Sarentino e a Vipiteno.

Alle dipendenze di Harster vi era il sudtirolese Karl Tribus, nato il 7 aprile 1914 a Lana, dopo aver optato per la Germania, divenne membro delle SS e procedette a numerosi arresti di ebrei a Merano.

Riuscì a fuggire e fu dichiarato morto negli anni ottanta.

ERICH PRIEBKE

Un personaggio che rimase nascosto a lungo a Bolzano nel dopoguerra fu il capitano Erich Priebke, attorniato da numerosi complici anche locali.

Bolzano ricorre due volte nella sua biografia.

La prima per l'episodio inerente l'attentato di via Rasella a Roma (il battaglione Bolzano) ed il susseguente eccidio delle Fosse Ardeatine, sempre a Roma. Priebke ne fu l'organizzatore e l'esecutore.

La vita privata iniziale fu terribile.

Priebke nacque a Hennisdorf (Berlino) il 29 luglio 1913. A sette anni perse sia la madre che il padre.

Poi un susseguirsi di lavori in vari alberghi per l'Europa. La sua conoscenza dell'italiano lo portò ad essere arruolato nelle SS a Roma alle dipendenze di Kappler.

Dopo l'episodio delle Fosse Ardeatine si trasferì, in varie città italiane ed a Bolzano, ma a Bolzano non arriverà subito.

Prima venne accolto, tramite l'organizzazione Odessa e la via dei Conventi, da don Johann Corradini di Vipiteno e da don Franz Pobitzer.

Poi infine a Bolzano in via Leonardo da Vinci 24.

Qui restò per alcuni mesi a Bolzano sotto il nome di Otto Papese, lettone, Direttore d'albergo.

Nonostante il suo nascondiglio, Priebke fu arrestato dagli Americani e trasferito presso il campo di prigionia a Rimini.

Riuscì a fuggire ed a raggiungere la moglie ed i suoi due figli a Vipiteno dove rimase fino al 1948. Tramite il Vescovo Hudal ottenne i documenti per l'espatrio per la Argentina. Era il 24 ottobre 1948. Poi ingenuamente rilascio un'intervista alla televisione Americana, era il 1944. L'Italia chiese immediatamente l'estradizione.

Il 7 marzo 1998 venne condannato all'ergastolo. Pochi mesi dopo gli venne concesso di scontare la pena in regime di detenzione domiciliare.

Erich Priebke muore all'età di cento anni, 11 ottobre 2013.

In una intervista del maggio 1994 ad un quotidiano e ripresa dallo stesso giornale in data 12 ottobre 2013, Priebke dichiara:

"Si alle Fosse Ardeatine ho ucciso, ho sparato, era un ordine. Una, due, tre volte. Insomma non ricordo, che importanza ha? Ero un ufficiale, mica un contabile. Non ci interessava nemmeno tanto la vendetta, a via Rasella i militari morti erano del Tirolo, più italiani che tedeschi. Ma Kappler fu inflessibile, costrinse anche il cuciniere a sparare. Fucilammo cinque uomini in più, uno sbaglio, ma tanto erano tutti terroristi, non era un gran danno".

La giornalista Emanuela Audisio termina l'articolo con questa frase: "Se questo è un uomo, verrebbe da dire".

UN UOMO FRA CENTO BANDIERE

KARL HASS

Due uomini partendo da due fronti opposti si incontrarono nel tempo. Proprio a Bolzano per costruire, uno per dovere, l'altro per interesse, una via di collegamento per sfuggire e per far fuggire dalla "invasione" comunista (Sovietica).

Uno si chiamava James Milano capo della filiale austriaca del CIC (Servizio Segreto Americano) dal 1947 al 1950.

A Milano aveva in precedenza collaborato con l'agente Paul Lyon.

Incredibilmente la prima linea dei "Ratline" fu creata proprio dagli Americani, con documenti falsi, al fine di far fuggire gli agenti ed i tecnici nazisti, bloccati nell'Europa Orientale.

Per realizzare nel modo migliore tale attività occorrevano dei personaggi preparati ed esperti di spionaggio.

L'altro personaggio fu trovato, si chiamava Karl Hass.

Per conoscere meglio questi due personaggi c'è oggi a disposizione la documentazione esistente presso il Counter Intelligence Corps (CIC). Tale organizzazione è stata fondata nel 1942 con lo scopo di "contribuire alle operazioni dello stabilimento militare attraverso il rilevamento di tradimento, spedizione, attività sovversiva o disaffezione, e l'individuazione, la prevenzione o la neutralizzazione dello spionaggio e del sabotaggio all'interno o diretto contro l'esercito e le aree di sua competenza".

Per affrontare questo compito nel 1943 contava oltre 50.000 informatori all'interno dell'esercito Americano.

Tornando a Karl Hass, nato il 5 ottobre del 1912 a Kiel e morto il 21 aprile 2004 a Castel Gandolfo (Roma), occorre ricordare che come ufficiale delle SS fu coinvolto nel massacro delle Ardeatine a Roma.

Dopo la sconfitta tedesca fu internato a Rimini.

Fuggì più volte ed alla fine si rifugiò a Bolzano e lì poté incontrare Pribke con l'aiuto della Odessa, per poi nascondersi sulle montagne Altoatesine.

Nel frattempo si sposò a Bolzano con Anna Maria Giustini (luglio 1945).

Poi nuovamente in fuga aiutò Rauff a far fuggire alcuni nazisti in Sudamerica.

In tutto questo trovò un collaboratore Karl Theodor Schutz che da solo riuscì a scappare in Germania passando da Merano (Odessa).

Poi su invito del CIC, tornò a collaborare con Hass che era stato arruolato dallo stesso CIC.

Da quel momento Hass, si fece dichiarare morto e visse costantemente in Italia, assumendo il cognome della moglie: Giustini.

Ed è con quel cognome che lo troviamo in un documento del CIC, datato 15 novembre 1954.

In quel documento viene presentata una relazione di attività riguardante la sede di Bolzano, costituita sotto la menzione di una società dal nome MERCITAL, in piazza della Mostra 1, diretta dallo stesso Hass proprio con il nome Mario Giustini.

Collaboratore esterno è l'agente Joseph Luogo.

Giustini, poi ritorna Hass in un lungo rapporto dettagliato del terzo reparto investigativo del Raggruppamento Operativo Speciale Carabinieri datato 24 novembre 1997.

Tale rapporto passa in esame le varie esperienze spionistiche dello stesso Hass che ha cercato di svolgere tale attività sotto diverse "bandiere" che portano da quella nazista, poi Americana, possibilmente Italiana, Sovietica e tentato persino quella Israeliana.

Nel 1996 viene interrogato, a 86 anni, dal giudice Istruttore milanese Guido Salvini che indaga sul terrorismo nero degli anni 70.

La vita di Karl Hass è tutta avvolta dal mistero, l'unica realtà è rimasto l'anno della sua morte: 2004.

Mistero come il suo "salto" da un balcone nel 1996 caduto e gravemente ferito.

Il balcone era quello dell'albergo di Roma, città in cui era arrivato per testimoniare al processo Priebke.

Incriminato a sua volta, processato e condannato il 7 marzo 1998 all'ergastolo, ma essendo infermo la pena viene convertita in arresti domiciliari, poi la morte in una casa per anziani.

Verso la fine della guerra Bolzano ebbe un "Re", o meglio uno che aveva il potere di un Re.

Il suo territorio era vasto: da Verona fino al Brennero. Lui risiedeva in una magnifica Reggia, un vasto parco, fontane, le stalle (però senza cavalli). Il luogo: Bolzano, il quartiere di Gries.

Il suo nome: generale Karl Wolff.

Proviene da Fasano del Garda (altra Reggia) comandante delle SS nell'alta Italia.

Uomo di fiducia di Himmmler.

Karl Friedrich Otto Wolff (il suo nome completo) nasce il 13 maggio del 1900 a Darmstadt e muore il 17 luglio 1984 a Rosenheim.

Nel 1931 si iscrisse al partito nazista e venne arruolato nelle SS, divenendo – in breve tempo – capo dello Stato Maggiore Generale di Himmler.

Wolff intuisce che la guerra è ormai perduta e incomincia a tessere la sua rete informativa, iniziando con un incontro segreto in Vaticano con Papa Pio XII il 10 maggio del 1944.

Poi tra marzo e aprile del 1945 si incontra in Svizzera con Allen Dulles, capo del servizio segreto Americano.

Da questo incontro – nell'aprile del 1945 – si realizzò la resa delle truppe tedesche nella Alta Italia (Operazione Sunrise).

Con questo accordo si concesse alle truppe tedesche trattamenti di favore che portarono persino a Bolzano ad attività di collaborazione con pattuglie miste (Americane-Tedesche) per la gestione dell'ordine pubblico.

Tale accordo fece cessare tutte le attività delle SS nella Provincia di Bolzano.

Attività particolari erano quelle relative alla scuola allievi del controspionaggio sita ad Avelengo presso Merano.

Stessa sorte per la stazione di controllo per le comunicazioni radio del servizio segreto a Colle Isarco (Bolzano).

Il coordinamento fra truppe tedesche e quelle fasciste fu curato dal tenente SS Walter Segna, operante da Milano (Hotel Regina), anche se alla fine le truppe fasciste vennero abbandonate alla loro sorte.

Il generale Wolff era intanto impegnato a Bolzano nella sua "Reggia" il 13 maggio 1945 a festeggiare, con una grande festa, il suo quarantacinquesimo compleanno. Dopo la festa venne arrestato dagli americani che lo misero sotto "tutela" tramite l'agente Little Wally del servizio segreto.

Venne interrogato dall'agente di collegamento alleato Gurrey nello stesso maggio 1945.

La sorpresa di tale agente fu notevole nell'esaminare la residenza del generale Wolff descrivendo nel suo rapporto il lusso dei locali:

“L’ingresso combina i variegati splendori degli antichi templi greci e del cinema Paramount. Ad ogni fianco della massiccia porta monta la guardia una sentinella delle SS con elmetto e baionetta innestata.

Dovunque si aggirano le ausiliarie delle SS. Nessuna indossa l’uniforme. Tutte sono ben vestite, sono giovani e bellissime.

L’atmosfera generale è di una opulenza di buon gusto.

Il colloquio con il generale Wolff è stressante ed è un ottimo parlatore.

Durante tutta la visita non si è vista una sola indicazione che questo sia un comando operativo”.

Arrestato dalla polizia alleata come accusato di crimini di guerra, viene immediatamente liberato per l’intervento di Dulles.

Appena scarcerato viene arrestato nuovamente e anche se condannato a quattro anni di prigione, dopo appena una settimana viene scarcerato sempre per l’intervento di Dulles e persino non viene convocato come accusato nel processo di Norimberga.

Nel 1962 viene nuovamente processato per la sua responsabilità per la deportazione di 300.00 ebrei.

Condannato a quindici anni, viene liberato dopo sei anni.

Trascorse il resto della sua vita nella villa sul lago Starnberg in Germania;

aprì una attività a Monaco di Baviera inerente il commercio delle armi.

Passava ritualmente le sue vacanze estive in Sudtirolo. Morì nel 1984.

Per gli alleati Wolff oltre che essere attivo nella operazione Sunrise, permise di garantire il passaggio agli alleati l’intera rete spionistica di Reinhard Gehlen, capo del servizio informazioni dell’Europa orientale.

Gehlen Reinhard (1902-1979) generale tedesco fu lui che avviso Hitler del possibile accerchiamento di Stalingrado da parte delle truppe sovietiche, ma Hitler non gli credette, era il 1943.

Nel 1944 ha precise informazioni sull’entità delle truppe sovietiche, ogni resistenza è vana, ma Hitler ancora non gli credette.

Nel 1945, conforme ai suggerimenti del generale Wolff, Gehlen si consegna agli alleati con tutto il suo archivio, entrando come collaboratore nei servizi segreti americani.

Nel 1955 verrà nominato capo del neo servizio segreto della Repubblica Federale Tedesca.

Nel 1960 e nel 1962 riuscì a far arrestare in totale 3607 spie sovietiche.

Anche lui -come Wolff- capì in tempo da che parte spostarsi, usufruendo delle proprie capacità organizzative.

CAPITOLO QUARTO

GLI ALTRI

LA FIGLIA GUDRUN HIMMLER

C'è stata anche una "Regina" in Alto Adige. La "Regina" si chiamava Gudrun Himmler.

La figlia unica del Reichsfuehrer-SS Heinrich Himmler, figlia legale, perché Himmler ebbe altri due figli dalla sua segretaria-amante Hedwig Potthast.

Tutto iniziò nell'aprile del 1945. Fu l'ultima volta che Margarete Himmler e sua figlia Gudrun videro Himmler, poi scortate da due uomini delle SS, arrivarono in Alto Adige, a Bolzano.

Cercavano un rifugio, però all'arrivo degli Americani, le SS tradirono e indicarono dove era il nascondiglio della coppia.

Vennero arrestate il 13 maggio 1945. Furono prima internate in Italia e poi in Francia.

La madre Margarete fu chiamata a testimoniare nel settembre del 1945 al Processo di Norimberga.

Poi il buio. La condizione per poter sopravvivere degnamente era quella di cambiare nome, Himmler doveva "morire" nuovamente. Madre e figlia rifiutarono questa possibilità.

La madre morì il 25 agosto 1967 a Monaco di Baviera.

Gudrun Himmler vive -in quel periodo- in un piccolo appartamento nella Goergenstrasse a Monaco di Baviera.

Nel 1951 entra a far parte della "Stille Hilfe fuer Kriegsgefangenne und Internmierte", una associazione di volontariato che si occupava di assistenza dei reduci di guerra.

Gudrun da "Principessa" -sotto il nazismo- diventa ora una "Regina".

Nella Associazione diventa subito una icona, riverita, osannata ed è presente ad ogni convegno di reduci.

Ma che cosa è questa Associazione?

Il nome tradotto è: "Assistenza silenziosa per prigionieri di guerra e internati".

Questa attività nasce sotto gli auspici di un prete protestante dal nome Johannes Neuhmeulissler.

Ma quale è lo scopo segreto di questa Associazione?

Anche se la data ufficiale di costituzione è l'anno 1951, in realtà questa Associazione è già operativa dal 1946.

In realtà la Himmler aiuta i fuggiaschi nazisti verso il Sud America. In questo modo fuggiranno dei criminali di guerra come Adolf Eichmann, Walter Rauff e Josef Mengele.

Lei stessa segue personalmente un personaggio che si è nascosto a Merano. Lui si chiama Anton Malloth, detto "Der schoene Toni- il bell'Antonio".

Malloth nasce in Austria e diventa apprendista macellaio a Scena (Merano).

Nel 1933 svolge il servizio militare presso l'Esercito italiano.

Rientra a Merano e lavora quattro anni presso una enoteca.

Nel 1939 opta per la cittadinanza tedesca.

Si trasferisce in Germania, assume l'incarico di guardia carceraria presso una prigione della Gestapo, ove persero la vita 2500 persone.

Malloth fugge l'8 maggio 1945 all'arrivo delle truppe sovietiche.

Si rifugia in Tirolo, viene processato e condannato in contumacia nel 1945 da un tribunale in Cecoslovacchia, dove aveva sede la prigione della Gestapo.

Malloth si nasconde dal 1948 a Merano, dove viene assistito costantemente dall'Associazione "Stille Hilfe".

La Himmler lo incontra regolarmente a Merano, sfruttando l'occasione per numerosi incontri con i reduci sudtirolesi.

Malloth rientra, sempre aiutato da "Stille Hilfe", in Germania e viene accolto in una Casa di cura vicino Monaco di Baviera, sempre assistito dalla Himmler.

Poi nel 2000 viene riconosciuto e processato e condannato all'ergastolo. Muore il 31 ottobre 2001.

Intanto altri personaggi venivano costantemente aiutati, quali:

Klaus Barbie, il boia di Lione,

Herbert Kappler, evaso dall'Italia nel 1977;

Erich Priebke, eccidio delle Fosse Ardeatine.

Nello stesso tempo l'Organizzazione "ODESSA", tramite la cosiddetta "Via dei Topi", predisponeva la fuga di circa cinquemila esponenti nazisti.

Nel frattempo la Himmler si era sposata con il giornalista Wulf-Dieter Burwitz.

Avrà due figli, continuerà a vivere a Monaco di Baviera e ivi muore il 24 maggio 2018 a 89 anni.

LA MORTE HA UN NOME: MENGELE

Dove era Mengele, "L'Angelo della morte"? Il "Dottore", colui che sceglieva le vittime per i suoi nefasti esperimenti "medici" fra i reclusi nei campi di concentramento.

A fare il pendolare fra i vari Stati del Sud America, e prima? Era in Alto Adige!

Ma chi era il fuggitivo Mengele?

Ce lo descrive un documento di viaggio della Croce Rossa Internazionale dove viene menzionato con il nome falso di Helmut Gregor: altezza 1,74, occhi castani- verdi, nato il 6 agosto 1911 a Termeno (Bolzano) -una strana coincidenza, quasi tutti i documenti falsi provengono da questo Comune-, nazionalità italiana, cattolico -anche qui sempre una strana coincidenza: tutti atei e tutti cattolici, professione: meccanico. Indirizzo: Buenos Aires, Calle Arenales 2460 (un indirizzo di comodo, fornito dalla ODESSA).

Mengele, prima dell'arrivo dei Sovietici, è scappato dalla Polonia nel gennaio 1945. Catturato, senza riconoscerlo, viene internato dagli Americani in un Campo di prigionia; non potevano riconoscerlo perché viaggiava con dei documenti falsi, intestati ad un certo soldato Fritz Ullmann.

Riesce a fuggire e si nasconde per tre anni in una fattoria in Baviera.

Poi riesce ad attraversare le Alpi ed arriva in Alto Adige, sempre aiutato dalla ODESSA che gli fornisce un nuovo nome: quello del predetto Helmuth Gregor, abitante a Termeno in via Montello 22.

Riesce a fuggire in Sud America, sparisce e si presume- ormai- deceduto.

C'è ancora una strana coincidenza, anche il Segretario in fuga di Goebbels Erich Muller, risulta residente a Termeno dal maggio 1948, sotto il falso nome di Francesco Noelke, nato a Bolzano il 7 dicembre 1906.

Anche un altro nazista Theodor Kremhart aveva ricevuto -nel 1948- dal Comune di Termeno una carta di identità, dove risultava che abitava a Bolzano dal settembre 1946 presso una Pensione in Via Dodiciville.

Stessa sorte anche per il Criminale di guerra Eichmann, anch'egli in fuga, che aveva ricevuto dallo stesso Comune nel 1948 un documento di identità.

Quante coincidenze, come mai?

Termeno era già dal 1933 una sede operativa del "Volkischer Kampfring Sudtirol".

Sezioni di questa attività erano aperte in tutto l'Alto Adige e servivano ad organizzare le "Katakombenschule- la scuola delle catacombe" ovvero le "Notschule-le scuole di emergenza" al fine di insegnare in segreto la lingua tedesca, dato che il Fascismo aveva proibito l'uso di quella lingua madre.

Nel contempo, il futuro Prefetto nazista di Bolzano Peter Hofer, deceduto a Bolzano sotto un bombardamento il 2 dicembre 1943, aveva organizzato l'attività della "Associazione degli optanti per la Germania".

All'interno di questa associazione era molto attivo Karl Nicolussi-Leck, propugnatore del nazionalsocialismo in Alto Adige che venne decorato più volte durante la guerra come ufficiale del Corpo dei carristi.

Karl Nicolussi-Leck è morto a 91 anni il 30 agosto 2008; nasce in Sudtirolo, diventa Ufficiale, combatte in Russia con le truppe tedesche. Alla fine della guerra si rifugia in Sudamerica, ritorna in Italia diventa un esperto nel settore artistico, produce vini.

La sua porta è sempre aperta nell'accogliere i reduci della guerra e saperli indirizzare verso una nuova vita, compreso il veterano Sepp Dietrich.

La parola ODESSA si sussurra, ma nessuno lo può provare.

Chi è Josef "Sepp" Dietrich?

Dietrich nasce il 28 maggio 1892 e muore il 21 aprile 1966.

Un uomo fedelissimo a Hitler. Partecipò a tutto e condivise tutto. S' arrese agli Alleati l'8 maggio 1945.

Condannato, venne rilasciato per motivi di salute (morì di infarto).

Prima di morire aveva partecipato attivamente alla creazione della HIAG, una organizzazione di mutuo soccorso a favore delle ex Waffen-SS.

LO SCRIVANO DELLA MORTE: ADOLF EICHMANN

Chi era il tecnico della "Soluzione finale del problema ebraico-Endlosung" Adolf Eichmann?

Era un uomo che scriveva, contava, efficiente, senza sosta.

Eichmann è la stessa persona che redigerà il Verbale della riunione, tenuta il 20 gennaio 1942 a Grossen Wansee, vicino Berlino.

Oggetto: Riunione sulla soluzione finale della questione ebraica. Presiede il Capo della Polizia di Sicurezza Obergruppenfuhrer delle SS Reinhard Tristan Eugen Heydrich (1904-1942).

Eichmann realizzerà- in breve tempo- quanto verrà deliberato in merito alla sparizione del Popolo ebraico.

Eichmann era nato in Germania, ma si trasferì presto in Austria e nel 1931 entrò nel partito nazista; un anno dopo entra nelle SS, addetto al problema sionistico.

Al momento della fine della guerra si nasconde vicino ad Amburgo; viene catturato, sotto falso nome, ma riesce sempre a fuggire. Poi riparò in Austria e-sempre aiutato dalla ODESSA; superò le Alpi e arrivò a Bolzano.

Il solito Comune di Termeno rilascia una Carta di identità intestata al sudtirolese Richard Klement.

Il Comune di Termeno, come entità civica, non era certamente responsabile di tutti questi delittuosi avvenimenti; tutto -probabilmente- faceva capo ad un "solerte" funzionario di simpatie naziste che operava "intensamente" alla produzione di documenti falsi, probabilmente su istigazione della stessa ODESSA che aveva una base occulta operativa, logicamente sotto falso nome, in Via Leonardo da Vinci (attualmente l'edificio non esiste più essendo stato distrutto e riedificato).

Data la pericolosità di accertamento identificativo del personaggio, venne richiesto l'aiuto di una altra organizzazione occulta di assistenza, quella della cosiddetta "via dei conventi".

Questa organizzazione era stata approntata alla fine della guerra dal vescovo slovacco Monsignor Hudal, filo nazista, residente a Roma.

Alcuni sacerdoti, all'oscuro dei loro superiori, agivano singolarmente nell'assistere i fuggitivi a sbarcare in Sud America, certamente erano assistiti da alcuni funzionari della Croce Rossa Internazionale che a Genova, provvedevano ad il loro imbarco.

Tutto ciò sotto "l'alone" di poter far espatriare personaggi che avrebbero agito in funzione anticomunista nelle nuove sedi.

In tale modo e con l'aiuto di un certo frate di nome Doroter, Eichmann il 15 luglio del 1950 arrivò in Argentina.

In seguito venne raggiunto dalla moglie e dai figli, ma lo Stato di Israele non aveva dimenticato gli eccidi subiti dal popolo ebraico; riuscì a rintracciarlo, rapirlo, giudicarlo, condannarlo ed a impiccarlo.

L'UOMO DELLE TENEBRE: WALTER RAUFF

In Cile qualsiasi crimine cade in prescrizione se entro dieci anni non si apre una istruttoria formale contro i presunti colpevoli.

Il cittadino cileno Walter Rauff risiedeva in Cile dal 1954, perciò il Presidente d'allora della repubblica cilena Salvador Allende dovette, nel settembre 1972, respingere definitivamente la richiesta di estradizione presentata da Simon Wiesentha, il "cacciatore" di criminali di guerra.

Ma chi era Walter Rauff?

Rauff nasce il 19 giugno 1906 a Kothen (Germania).

Frequenta le scuole ottenendo il massimo di voti.

Dopo la maturità liceale diventa allievo ufficiale in Marina, dovendo poi dimettersi per uno scandalo di adulterio.

Heydrich, futuro comandante della RSHA-SS, si ricorda di lui, come ex commilitone e lo arruola nelle SS.

Rauff fa presto carriera ed impara subito che i giochi politici sono pericolosi.

Purtroppo per Rauff, Heydrich muore a Praga nel giugno 1942, vittima di un attentato. Rauff deve trovare un nuovo protettore, anche se ha raggiunto il grado di Standartenfuhrer (colonnello), un grado elevato, ma non sicuro.

Rimane a Berlino, poche visite al Fronte dell'Est. Intuisce che l'unica arma potente è il denaro, pertanto diventa -per le SS- un uomo d'affari.

Rauff crea una apposita Società, la OSTI che controlla tutti i lavori in esterni dei dieci Campi di lavoro che impiegano mano d'opera ebraica.

Rauff intuisce di avere mano libera per programmare lo sterminio e pertanto si trasforma in un "inventore".

L'idea di Rauff è "semplice" nella sua efferatezza; dei normali camion, attrezzati in modo tale che i gas di scarico, invece di essere smaltiti all'esterno, vengano inviati all'interno, nel retro del posto di guida; la morte è lenta, terribile per soffocamento.

In seguito tutto verrà abbandonato, avendo verificato la lentezza del procedimento.

Però, al momento, la stima nei confronti di Rauff aumenta e Rauff saprà come approfittarne con l'aiuto del denaro.

Ormai intuisce che la battaglia è persa, si fa trasferire a Tunisi, in Africa, lì c'è una grande Comunità ebraica, bisogna spaventarli ed estorcere, in cambio della salvezza, tutto l'oro possibile.

Rauff , con il bottino, sbarca in Spagna, tramite la via di Milano, trasferisce l'oro in Svizzera. E fatta, però ha bisogno di un complice e lo trova a Bolzano ed è il Generale Wolff, comandante delle truppe tedesche per l'Alta Italia.

L'incontro avviene presso il Palazzo Ducale a Bolzano, sede del Comando, alla presenza del Generale Heydrich, comandante a Milano delle SS e del suo luogotenente il Tenente Segna, tutti allertati dagli incontri riservati in Svizzera con il Servizio Segreto Americano per una resa delle Forze tedesche in Italia.

L'oro depositato in Svizzera dovrà servire a salvaguardare il futuro di ognuno di loro, tenendo anche conto della salvezza dei commilitoni già in fuga.

Al momento ognuno dei tre deve cercare di sfuggire alla loro identità, già classificata, di "Criminali di guerra".

Rauff in fuga viene intercettato dagli Alleati, ma il suo nome non figura ancora nell'elenco dei Criminali di guerra e – pertanto- ogni volta viene rilasciato.

Rauff chiede aiuto al suo amico personale il Vescovo Alois Hudal che lo accoglie a Roma e lo apparire come giardiniere presso il Convento, dove lui risiede.

Rauff con i nuovi documenti fugge in Siria che lo ospita, ma un colpo di Stato lo mette in allarme e sceglie nuovamente la fuga.

Poi in Libano, l'Italia, l'Equador e poi -infine- IL Cile.

Attenderà l'arrivo più importante, l'ultimo "ospite" il Dittatore cileno Pinochet il quale gli affiderà l'Organizzazione della ACHA (Azione cilena anticomunista e antiebraica). Una organizzazione attiva nelle repressioni di ogni tipo delle Forze democratiche.

Rauff morirà indisturbato in Cile il 14 maggio 1984, facente funzioni -questa è la denominazione ufficiale- di venditore di macchine da scrivere.

Rauff è stato un "ottimo" venditore di sé stesso!

IL MISTERO SI CHIAMA: MARTIN BORMANN

Goebbels e la moglie erano il 1° maggio del 1945 nel Bunker di Hitler e, dopo aver preso atto della sua morte, si uccisero dopo aver assassinato i loro figli.

Ma- in quel momento- dove era Martin Bormann? Era nella sua stanza e preparava la sua fuga.

Ma chi era Martin Bormann? Era un fuggitivo per istinto: fuggiva dai sentimenti umani, fuggiva dalla guerra, fuggiva dalla famiglia.

La sua presunta morte è diventato un mistero storico.

L'unica cosa certa è che Bormann non poté sfuggire alla Sentenza del Tribunale Alleato di Norimberga che lo condannò a morte -in contumacia- quale criminale di guerra.

Intanto Bormann era fuggito dal Bunker, si era salvato?

Ma il "mistero" Bormann inizia molto prima: il 17 giugno 1900 in Sassonia, nascendo in una piccola famiglia borghese.

Fin dall'infanzia dimostra di esser un valente giocatore di scacchi, un gioco che gli insegnerà -nella vita- a saper attendere nel giocare la mossa vincente finale.

Bormann viene assunto nella Segreteria di Hitler, alle dipendenze di Rudolf Hess (1894-1987). In concomitanza alla fuga di Hess in Inghilterra, Bormann diventa l'uomo "ombra" di Hitler.

Bormann era onnipresente ad ogni incontro di Hitler con gli uomini del Partito e con i Generali. Seguiva tutte le vicende e capì -prima degli altri- che la guerra era persa e che bisognava organizzare il futuro: il suo futuro!

In gran segreto organizzò l'incontro nell'agosto 1944 presso l'Hotel "Maison Rouge" di Strasburgo con i maggiori rappresentanti della Finanza, dell'Industria e delle Banche Tedesche.

Lo scopo era quello di organizzare la futura fuga dei Gerarchi tedeschi e salvare, nel modo più possibile, i capitali ed i beni – a suo tempo confiscati- dagli eventuali espropri Alleati.

Immediatamente notevoli quantità di denaro -principalmente in valuta straniera- vennero trasferite presso Banche di Paesi neutrali e contemporaneamente vennero costituite all'Estero ben 750 imprese che avrebbero dovuto programmare i futuri investimenti economici di quel denaro.

Oltretutto venne organizzata una metodologia di fuga dalla Germania con una organizzazione a ciò adatta: la ODESSA (Organisation der Ehemaliden ss-

Angehoerigen-Organizzazione degli ex-membri delle ss), la quale doveva predisporre una lunga catena assistenziale di tappe territoriali (Centri di ricezione-Anlaupstelle).

Venne stabilito che il punto definitivo per la partenza verso il Sud America doveva essere il porto di Genova. Tappe intermedie: Bolzano e Merano.

Bolzano era il primo punto di arrivo in Italia. Merano era il punto strategico operativo, specialmente per quanto riguardava le famiglie dei Gerarchi, ad esempio: la famiglia di Himmler (1900-1945) e la stessa famiglia di Bormann.

Bormann, per raccogliere il denaro necessario per questa operazione, inventò una assicurazione obbligatoria per tutti gli iscritti al partito nazista, poi -ancora- un contributo in denaro per poter esibire l'immagine di Hitler, per esempio: francobolli, valori bollati, ritratti esposti.

Poi -come previsto- tutto crolla e rimane solamente la fuga il 30 aprile 1945.

Lo videro fuggire e poi il nulla.

Certamente un uomo così previdente aveva già organizzato il suo futuro; in seguito si parlò della scoperta-in Argentina- di un passaporto falso intestato ad un certo Riccardo Bauer, cittadino italiano e residente a Bolzano.

L'unica cosa certa era il luogo di arrivo a Merano della sua famiglia; la moglie, sposata il 2 settembre 1929 ed avevano nove figli. La moglie morì di cancro -sempre a Merano- il 23 marzo 1946. La tomba non esiste più

"L'AMICO" EUGEN DOLLMANN

Eugen Dollmann, il Dottor Eugen Dollmann, laureato in filosofia, studioso dell'arte italiana. Dal 1927 al 1930 a Roma, viveva ni Piazza di Spagna, conoscenza perfetta della lingua italiana.

Himmler, nel suo primo viaggio a Roma, accompagnato dal Generale Wolff, lo conobbe e apprezzò le sue capacità linguistiche.

Pertanto fu facile ottenere l'immediata nomina di Obersturmbannfurer (Tenente Colonnello) delle SS con l'incarico di Capo Ufficio Stampa della stessa organizzazione.

Poi un altro passaggio rapido: Ambasciatore tedesco presso il Vaticano.

Lo stile di Dollmann era perfetto, si muoveva con abilità nei corridoi vaticani, nei salotti della buona borghesia romana ed a Berlino con i Gerarchi nazisti.

Era altresì presente -come interprete- alla riunione del 20 luglio 1944 con Hitler e Mussolini.

Insomma un uomo molto informato e l'astuto Generale Wolff lo volle al suo fianco, prima nella Villa- comando sul Lago di Garda, poi presso il Palazzo Ducale di Bolzano- ultima sede di comando e da lì cominciarono i "misteriosi" viaggi di Dollmann a Milano per organizzare l'Operazione "Sunrise" al fine di trattare la resa delle truppe tedesche in Italia.

Purtroppo -per lui- al momento della fuga si dimenticarono di lui. Dollmann fu costretto a chiedere aiuto al Cardinale di Milano Schuster. Il Cardinale era a conoscenza che lo stesso Dollmann aveva favorito un incontro del Generale Wolff con il Pontefice Pio dodicesimo, al fine di poter favorire una resa amichevole delle truppe tedesche.

Il Cardinale lo nasconde presso una Casa di Cura vicino a Milano.

Nel 1946 ritorna a Roma, identificato dal Servizio Segreto Americano viene inviato a Berna in Svizzera.

Poi l'Odessa lo assiste e lo fece trasferire in Spagna inserendolo nel commercio delle armi; chiede di rientrare in Germania e lì muore a Monaco di Baviera il 17 maggio 1985. Sopravviveva facendo l'attività di traduttore, dato che conosceva- oltre al tedesco- l'italiano, il francese e l'inglese.

Nel suo breve passaggio a Bolzano, in viaggio verso la Germania, era ospite del comando locale americano del servizio segreto che era interessato alle sue dichiarazioni in merito ai presunti "archivi Bormann" ed un fantomatico "tesoro" di Hitler,

A Bolzano Dollmann si faceva chiamare "Eugenn Amonn".

Di lui si ricordò il regista Roberto Rossellini facendo rappresentare il suo personaggio da un valido attore nel film "Roma città aperta" (1945).

Dollmann, forse, si sarebbe compiaciuto di questa immagine cinematografica dato che -in fin dei conti- era stato nella vita "un grande attore".

LO “SCONOSSCIUTO” KARL TRIBUS

Per incontrare il nome di Karl Tribus si deve esaminare il Registro battesimale della Parrocchia di Lana (Bolzano), la data: il 7 aprile 1914. La data di morte: sconosciuta.

Altre date: nel 1939 opta per la cittadinanza tedesca. Nel 1943 sembra coinvolto negli arresti di ebrei a Merano. Ancora nel 1943 a Belluno, come membro delle SS, torturerà dei partigiani catturati.

Nel 1945, guerra persa, si rifugia in Val d’Ultimo (Alto Adige). Si nasconde lì fino al 1948.

Poi, tramite la famosa “Via dei topi-ODESSA” riesce -a Bolzano- ad ottenere i documenti falsi per raggiungere Genova e da lì l’ospitale Argentina e lì si persero le sue tracce: Con lui sparisce un altro viaggiatore, suo complice negli arresti di Merano: il meranese Capitano delle SS Willy Niedermayr.

Un altro fuggitivo è l’austriaco Hermann Duxneuner, riesce ad ottenere a Bolzano dalla Odessa i documenti falsi per espatriare in Argentina con il suo compagno di fuga Kurt Baum. A partire per primi erano stati altri due soldati delle SS Ludwig Jakobi e Reinhald Kops.

Ma dove alloggiavano momentaneamente tutte queste persone? Presso un Albergo di Bolzano (il “Vittoria”), proprio di fronte alla Stazione.

E Bressanone? Bressanone, a differenza di Bolzano e Merano (zone di sosta) era una “zona operativa”, prettamente organizzativa da parte di alcuni personaggi, filonazisti.

La figura preminente era quella di un sacerdote: Alois Pompanin, nato a Cortina d’Ampezzo nel 1989 e morirà a Bressanone il 30 giugno 1966.

Pompanin presso l’Istituto francescano di Bolzano ed infine Teologia presso l’Università Gregoriana di Roma.

Richiamato in Alto Adige, celebra la prima Messa in Valle Aurina, poi diventa Cappellano a Bressanone.

Il Vescovo di Bressanone Johannes Geisler lo nomina Vicario.

E’ il periodo delle Opzioni (giugno 1940) e sia il Vescovo che Pompanin si schierano a favore della Germania, suscitando le giuste riserve dell’Arcivescovo di Trento Celestino Endrici, essendo a quell’epoca anche titolare per Bolzano.

Al termine della guerra Don Pompanin è fra i principali esponenti della cosiddetta “Via dei Conventi”, una organizzazione occulta a favore dei fuggiaschi nazisti.

Lo scopo principale di tale organizzazione era quella di ottenere dei documenti falsi per favorire l’espatrio verso l’Argentina.

A tale scopo erano dedicati alcuni personaggi presso il Comune di Termeno (Bolzano) e la Croce Rossa Internazionale.

Si suppone che i criminali di guerra Erich Priebke ed Adolf Eichmann poterono usufruire di questo aiuto.

In seguito, per il sostegno all'identità tirolese, il 22 febbraio 1958 Don Pompanin fu decorato dal Governo Tirolese con "La Croce al Merito del Tirolo".

CAPITOLO QUINTO

GLI ULTIMI ARRIVATI: LE SPIE

Ormai, a guerra persa, la Città di Bolzano era diventato un punto di convergenza per i nazisti in fuga e per i loro collaboratori.

Ognuno di questi personaggi era edotto del proprio valore "informativo" ed erano - perciò- tutti degli informatori- a secondo delle loro trascorse funzioni- di notizie interessanti per gli Alleati ed i personaggi più attivi, più capaci ed i più esperti in tutti i settori interessanti, erano le "Spie".

Ma chi erano gli Agenti dei Servizi Segreti?

Gli Alleati, già nel maggio del 1945, avevano potuto accertare ed arrestare, in tutta la Germania occupata, circa 210 Agenti nemici.

Molti sfuggirono alla ricerca e scesero singolarmente verso posti sicuri per l'espatrio, altri -invece- intuirono che potevano porsi al servizio degli Americani, bastava contattarli in un luogo sicuro ed il luogo sicuro poteva essere solamente l'Alto Adige.

Già in precedenza i Servizi si erano attivati per offrire -in caso di sconfitta- agli Alleati un territorio amico quale lo stesso Alto Adige, creando una apposita Repubblica autonoma.

L'ideatore di tale progetto era lo stesso "Gauleiter" del Tirolo: Franz Hofer.

Franz Hofer era nato nel 1902 in Austria e lì svolgeva -in seguito- l'attività di commerciante, Nel 1932 diventò il Capo del partito Nazista ad Innsbruck. Il partito -in Austria- venne messo fuorilegge. Lui venne arrestato, condannato, ma però riuscì a fuggire a Bolzano, poi a Norimberga ed infine a Berlino.

Dopo la unificazione della Germania con l'Austria (Anschluss) Hofer venne nominato Gauleiter del Tirolo-Voralberg; pose la sua sede presso il Palazzo ducale di Bolzano.

Nella stessa Bolzano insediò un suo "Governo", composto da alcuni tirolesi, fra i quali: Hans Schneider-Istruzione, Hans Georg Biliceri-Economia, Benno Kral-lavoro ed Oskar Tinzl-Giustizia

L'idea di Hofer era quella di predisporre un governo atto per poter "offrire" agli Alleati una forza di appoggio per l'occupazione territoriale.

Hofer stava già programmando il futuro stato indipendente del Tirolo!

Per fare ciò riuscì a far rifiutare la richiesta fatta da Mussolini ad Hitler di poter porre la sede della sua Repubblica Sociale presso una città dell'Alto Adige.

Tutto ciò era gestito con la massima segretezza dato che il Prefetto nazista di Bolzano Peter Hofer avrebbe posto sicuramente il suo veto a simile iniziativa.

In seguito, un bombardamento alleato su Bolzano centrò la sua auto, uccidendolo.

Al suo posto venne nominato Karl Tinzl della Val Venosta, cattolico, conservatore e che -dopo la guerra- fu tra i fondatori della Sudtiroler Volkspartei (SVP).

Intanto ad Hofer gli avvenimenti gli sfuggirono di mano, ma gli avvenimenti non si dimenticarono di lui.

Goebbels, come atto finale, si inventò il "Ridotto alpino" come baluardo per l'ultima resistenza.

Gli Americani occuparono il Tirolo con i francesi e si divisero la zona di occupazione: a nord i Francesi ed a sud gli Americani.

Hofer -intanto- riuscì a nascondersi, venne condannato a 10 anni, riuscì a salvarsi, per riapparire nel 1964, morendo in Germania nel 1975.

Hofer -ingenuamente- aveva creduto di poter sopravvivere al Terzo Reich. Nonostante l'incontro a Bolzano il 24 aprile 1945 con Dollmann che gli spiegò l'impossibilità di realizzare il suo progetto di Repubblica autonoma.

In quella occasione certamente Dollmann tenne il segreto in merito alle trattative in atto con gli Alleati in merito alla resa delle truppe tedesche.

Ormai ognuno pensava a sé stesso e le spie furono le prime ad intuire il cambiamento di rotta degli avvenimenti. La proposta era quella di vendersi agli americani per offrire i loro servigi in merito ad una attività già in atto da tempo: l'anticomunismo!

Intanto gli Alleati si erano attivati in merito a tale possibile "accoglienza", costituendo a Bolzano, nell'ex comando SS, un "Centro interforze interrogatori dettagliati".

In questa ricerca gli Americani furono facilitati nell'acquisizione di due archivi di Centri Operativi: tutti e due a Rovereto (Trento) sotto la denominazione: Fak 150 e Fak 190. Tutti e due i Centri erano sotto il comando ufficiale del Maggiore Bergen che però era alle dirette dipendenze di un certo Buchholz (alias Dottor Bauer – spia operativa in Alto Adige).

Nel frattempo gli Americani avevano recuperato a Verona gli archivi di una attività operativa, dietro la copertura di una ditta di cosmetici: la "Gibì Prodotti", composta da 24 agenti, mimetizzati come impiegati della Ditta, tutti operanti nella Zona Alto Veneto-Trentino e Alto Adige.

Intanto in Germania gli Americani avevano acquisito la collaborazione del Generale Reinhard Gehlen, già capo del servizio segreto tedesco sul Fronte russo.

Tale collaborazione portò alla costituzione di un Gruppo operativo sotto il nome di "Gruppo Bolero"e immediatamente attivo nei confronti della "Operazione Rusty", riguardante la Zona "Tirolese".

Il primo compito di questa Organizzazione era quello di schedare tutti i sudtirolesi che avessero svolte attività collaborative con i nazisti.

Il primo nome che venne accertato fu quello del gardenese Dominik Moroder, nazista e collaboratore del Gruppo fascista "Carità" a Firenze, gruppo attivo nel catturare i partigiani e nel torturarli. Riuscì, con documenti falsi, a fuggire in Argentina.

Il Gruppo "Bolero" riuscì anche ad individuare una spia nazista austriaca chiamata Liselot Pickel, volontaria dal luglio 1943 per l'ABWER.

BRICHA – FUGA

"Bricha" è la parola ebraica per "Fuga".

Bricha era una organizzazione fondata nella Polonia orientale ed in Lituania per fornire assistenza ai profughi ebrei sfuggiti all'Olocausto e sopravvissuti ai Campi di concentramento, erano i cosiddetti DP (sfollati).

Nella primavera del 1945 Merano era diventata un Centro di conforto ed un punto intermedio di viaggio.

Il problema principale era quello di poter ottenere dei documenti di viaggio validi.

Purtroppo le difficoltà politiche erano ondivaghe, mentre l'Unione Sovietica agevolava il più possibile la fuga, sperando così di mettere in difficoltà l'Inghilterra, mediante invii intensi di persone verso la Palestina, occupata allora dalla stessa Inghilterra.

La Francia, che occupava il Tirolo, aveva atteggiamenti alternanti, bloccando instabilmente i passaggi.

Invece gli Stati Uniti decisero di dare tutto l'aiuto possibile, creando un punto di raccolta a Salisburgo in Austria.

In quel luogo arrivarono, dal maggio 1946 e il gennaio 1947, ben 63.000 ebrei in fuga.

Un apposito Comitato (American Jewish Joint Distribution Commitee) venne costituito per finanziare l'operazione. A tale proposito era giunto appositamente dalla Palestina Asher Ben Natan, rifugiato nel 1938 e venuto appositamente per aiutare il suo popolo; sarà -in seguito- il primo Ambasciatore di Israele in Germania.

La prima tappa era stata stabilita a Bolzano, ma alcuni preferirono continuare da soli verso Genova, nonostante che fossero stati aiutati da un servizio della Croce Rossa americana, trasportandoli dalla valle Aurina fino a Bolzano e Merano.

A Genova erano ad accoglierli delle navi fornite dall'organizzazione segreta del movimento di liberazione palestinese Mossad Lealiyah.

GLI OSTAGGI

Un nuovo "esodo" percorse il Territorio dell'Alto Adige: gli ostaggi delle SS.

Tutto avvenne alla fine di aprile del 1945. La Guerra stava terminando, Himmler, ormai sicuro della sconfitta, con l'aiuto del Capo del controspionaggio Ernst Kaltenbrunner, fece prelevare, da diversi campi di concentramento i personaggi più importanti ivi imprigionati.

Il tutto -nella speranza- di poter ottenere delle garanzie di impunità ("merce di scambio").

Himmler diede l'ordine al Gruppenfuhrer (Generale di Corpo d'Armata) Juergen Stroop di coordinare la operazione.

Il punto di raccolta: il Campo di concentramento di Innsbruck in Austria. Ciò avvenne il 27 aprile 1945.

I prigionieri furono consegnati alle truppe della Wehrmacht.

Il giorno 29 aprile l'operazione passò sotto le direttive – a Bolzano- dell'ingegnere Anton Ducia, responsabile della logistica presso l'Alto Comando tedesco.

Ducia riuscì a trovare una sistemazione presso l'Hotel adiacente il Lago di Braies, sempre in Provincia di Bolzano.

La lunga colonna di autocarri e di vecchi autobus si recò presso quella località, al comando di due ufficiali delle SS Edgar Stiller ed Ernst Bader. In tutto alcune donne e uomini. L'ordine -nel frattempo- era stato cambiato: al momento opportuno bisognava uccidere tutti gli ostaggi.

Intanto la colonna era arrivata a Villabassa.

I prigionieri erano stremati, impauriti, affamati.

Questa Cittadina della Val Passiria offrì immediatamente tutta l'assistenza possibile, ospitando alcuni presso delle locande (Golden Stern, Bachmann, Ebner, Sofiehelm ed Emma), altri vennero alloggiati nella Sala comunale e nella Canonica.

Intanto la Wehrmacht (Generale von Vietinghoff) ,allertata in merito alla probabile uccisione degli ostaggi, ordinava al Capitano Wichard von Alfensleben di farsi carico dei prigionieri.

Nel frattempo gli ostaggi erano stati trasferiti presso l'Hotel Pragser Wildsee. Al Lago di Braies, vicino a Villabassa.

Intanto il cugino del Capitano von Alfensleben, il Capitano Gehrard von Alfensleben giungeva da Milano con 80 soldati con l'ordine esplicito di farsi consegnare dalla SS i prigionieri.

Dopo parecchie esitazioni da parte delle SS, gli ostaggi vennero ceduti alla Wehrmacht.

Nel frattempo le persone vennero ospitate nell'Albergo, a riparo di una fitta nevicata.

La proprietaria Emma Heiss-Hellenstainer, con i suoi collaboratori, prodigò una ottima accoglienza.

Il Gruppo si era diviso volontariamente in due tronconi: a Braies gli osteggi non italiani ed a Villabassa quelli italiani.

Intanto le truppe Americane, partite da Bolzano, arrivarono il 4 maggio 1945 al Lago di Braies, dove avvenne la liberazione di 141 ostaggi e la resa dei soldati tedeschi.

Gli ostaggi liberati furono accompagnati dagli Alleati a Bolzano e da lì all'aeroporto di Verona e poi a Napoli.

A ricordo di questo fatto storico è nato nel 2006, presso l'Albergo di Braies, l'"Archivio di storia contemporanea del Lago di Braies", voluto dagli stessi proprietari.

IL TRENO

Le stazioni nel buio più totale sembrano vie verso l'infinito. Attorno silenzio. La città è vicina ma sembra lontana.

Lì, in mezzo ai binari nascosti vi è un lungo treno in attesa; in attesa che cessino i bombardamenti notturni.

La città è un facile bersaglio. Per gli Alleati è un bombardamento necessario.

Bolzano è la prima stazione importante, quale crocevia per il Brennero e per Merano.

Merano, città ospedaliera, è resa estranea ai bombardamenti della guerra, ma gli Alleati non se ne fidano di questa "neutralità".

Gli Alleati sanno che al Castel Labers, vicino a Merano, vi è un deposito ingente di denaro falso alleato.

Gli Alleati erano al corrente anche Merano era stata progettata come una via di fuga dei nazisti.

Ma quel bombardamento atteso sulla città di Bolzano, quella sera non doveva avvenire; su quel treno in attesa di partenza -senza passeggeri- vi erano 626 cassette di lingotti d'oro e 543 sacche di monete.

Quei "passeggeri" erano partiti da Roma il 16 dicembre 1943, caricati in dodici vagoni.

Il "Capo treno" era il tenente colonnello delle SS Herbert Kappler (1907-1978), l'uomo che aveva in mano tutta Roma e che aveva personalmente eseguito il furto di quell'oro dalla Sede romana della Banca d'Italia.

Kappler era l'uomo che aveva saputo in anticipo dell'arresto di Mussolini il 25 luglio 1943.

L'uomo che organizzava gli arresti per la famigerata prigione di via Tasso a Roma.

L'uomo che organizza l'"operazione Eiche" al fine di liberare dalla prigionia di Campo Imperatore Mussolini.

L'uomo che fa sequestrare presso il Ministero degli esteri italiano tutti i documenti.

L'uomo che assicura il trasferimento in Germania di Mafalda di Savoia che sarà arrestata al suo arrivo, Morirà -in seguito- in un campo di concentramento.

L'uomo del ricatto nei confronti degli ebrei di Roma, 50 chili di oro in cambio della salvezza; verranno traditi tutti, saranno deportati ed uccisi in un campo di concentramento (Ausschwitz), solamente sedici si salveranno su 1007 persone arrestate.

L'uomo che candidamente si arrende il 6 maggio 1945 agli Americani.

L'uomo che il 28 luglio 1948 verrà condannato all'ergastolo presso il Tribunale di Roma.

L'uomo che riuscirà a fuggire, "nascosto" in una valigia ed a ritornare -nel febbraio 1976- in Germania.

Intanto l'oro rubato era arrivato a Fortezza (Bolzano) e occultato in una galleria della ex fortezza austriaca.

Finita la guerra cominciarono le "leggende" e così dei numerosi "cercatori" d'oro.

La prima scoperta era relativa ad un invio di 23 tonnellate d'oro in Svizzera, tramite Berlino.

Per saperne di più venne arrestato il 27 agosto 1945 l'ex direttore della Reichsbank Max Bernhuber.

Dalla sua confessione emerse la tecnologia adottata per appropriarsi di quell'oro; il prelievo era conforme alla richiesta di rimborso relative alle spese di occupazione da parte delle truppe tedesche.

Il 17 maggio 1945 gli Alleati riconsegnarono alla Banca d'Italia tutto l'oro che era stato possibile ritrovare, rimase un mistero per il mancante rubato.

Molti fecero il nome di ODESSA quale ultima destinataria e nelle leggende c'è sempre qualche cosa di verità.

IL FANTASMA

A nord di Bolzano, in Valle Aurina, si trova uno dei più belli castelli dell'Alto Adige.

Sovrasta IL Paese di Campo Tures e si erge su un terrapieno roccioso.

La sua costruzione risale ai primi del tredicesimo secolo. I suoi primi proprietari si chiamavano Taufers.

Il mistero alloggia, ancor oggi, in tutto il suo castello; dalla Sala dei Giudizi alla Stanza degli Spettri, dove "alloggia" proprio il" Fantasma" del castello.

Ma chi è questo fantasma? Il fantasma è quello di Margarete von Taufers alla quale venne ucciso il marito con una freccia, scattata proprio durante la celebrazione del matrimonio.

Il padre della sposa non aveva dato il suo consenso alle nozze ed un arciere aveva compiuto la vendetta.

Margarete impazzì e dopo sette anni di clausura nella sua stanza, si gettò dalla finestra.

Usufruendo forse della leggenda che aleggiava come una maledizione intorno al castello, i nazisti nascosero nelle sue sale numerose opere d'arte trafugate dagli Uffizi di Firenze.

Queste opere comprendevano -fra l'altro- un Michelangelo, un Tiziano, un Botticelli, un Caravaggio, un Donatello, un Lorenzo Lotto, un Rembrandt ed un Tintoretto.

Queste opere, dopo un transito a Bolzano. presso il Palazzo Ducale, avevano proseguito per Bressanone, poi per Brunico ed infine a Campo Tures.

Il 23 maggio il Capitano Keller della Quinta Armata Americana arrivò al Castello e scoprì il tesoro accertato e accantonato nel Salone degli Spettri.

Questa volta il "fantasma" non aveva aiutato i nazisti a proteggere il tesoro, anzi si raccontava -dopo la guerra- che i soldati erano terrorizzati dalle urla e dai lamenti che si sentivano intensamente durante le notti di guardia.

La giovane Margarete aveva emanato la sua maledizione che colpì forse anche alcuni attori di un film, girato nelle sale del Castello nel 1972, come protagonista Alberto Sordi e dal titolo: “La più bella serata della mia vita”, ripreso da un romanzo dello scrittore svizzero Friedrich Durrenmatt : “La panne, una storia ancora possibile”. Alcuni attori morirono entro breve termine, al termine della lavorazione.

CAPITOLO SESTO

L'ULTIMO TRENO

L'unico "personaggio" di questa vicenda, l'unico a voler rimanere a Bolzano e a non voler prendere "l'ultimo treno" era l'Unione Sovietica.

L'unione Sovietica già alla fine della guerra era diventato "il nemico numero uno" degli Stati Uniti, dato che la Germania non era più "il pericolo numero uno" avendo perso la guerra.

Stalin aveva già intrapreso la sua politica "occupazionale" alla Conferenza degli Alleati di Jalta (4-11/2/1945).

Al termine dell'incontro Stalin riuscì ad ottenere una sua vasta ingerenza in molti stati dell'Europa orientale.

In quel momento l'Armata rossa era a 80 chilometri da Berlino, mentre gli Americani erano bloccati da mesi in Italia sulla Linea Gotica.

Quello di Jalta era il secondo incontro tenutosi fra gli Alleati; il primo si era svolto a Teheran (28/11-1/12/1943), il terzo ed ultimo si sarebbe tenuto a Potsdam (17/7-2/8/1945).

Furono in quelle occasioni che vennero stabiliti otto punti di incontro. Uno degli otto punti trattava indirettamente dell'Alto Adige e precisamente il punto tre dove veniva affidata, gran parte del territorio austriaco- alla Unione Sovietica.

A questi accordi palesi, la Conferenza redasse alcuni documenti segreti con il nome in codice "Argonaut".

L'Unione Sovietica emanò -a tale proposito- un documento interno denominato in russo "Moskva i Vostolnaja Europa – Mosca e l'Europa Centrale".

In tale documento -per la prima volta- viene citato il Vallo della Frontiera delle Alpi.

Questo documento è riapparso recentemente, dopo l'apertura degli Archivi sovietici, sotto la denominazione: "Politica sovietica per il dopoguerra".

Tale testo prende in esame -nella parte terza- la situazione dei Territori con popolazione mistilingue e per tale motivo l'Unione Sovietica vedeva la possibilità di creare forte presenze comuniste soggette alla Russia.

In Alto Adige doveva essere riattivato una sezione del Partito Comunista.

Prima dell'avvento del fascismo era stata creata una sezione del Partito Comunista d'Italia a Bolzano (allora si chiamava così dalla fondazione dello stesso a Livorno).

I due fondatori erano stati il tipografo Silvio Flor ed il medico Gebhrard Haslinger.

Flor si attivò immediatamente, ma si trovò in contrasto con la nuova e susseguente posizione sovietica di arrendevolezza verso le attese di un possibile ritorno dell'Alto Adige all'Austria, per tale motivo uscì dal partito, partecipando -in seguito- alla fondazione del Partito Socialdemocratico Sudtirolese.

Il medico Gebhard Haslinger si dovette rifugiare nel 1925 ad Innsbruck nel 1925 perché ricercato dalle autorità fasciste. Isolato da tutti si suicidò nel 1928.

Intanto Stalin si era mosso rapidamente inviando in missione in Italia, ad armistizio avvenuto nel settembre 1943, il suo uomo di fiducia Andrej Vysinskij

Chi era Andrej Janvar'evic Vysinskij?

Vysinskij era nato a Odessa il 10 dicembre 1883: nel 1903 aderì al Partito socialdemocratico operaio russo nella corrente menscevica. Nel 1909 venne arrestato ed in prigione conobbe Stalin al quale rimase sempre legato come un fedele "servitore", per tale motivo aderì nel 1920 al Partito comunista bolscevico.

Dal 1935 al 1939 ricoprì la carica di Procuratore generale e rappresentò la Pubblica accusa nei principali processi politici (le grandi purghe).

Nel febbraio 1945 era presente con Stalin a Jalta agli incontri con gli Alleati, dopo la sua visita "misteriosa" in Italia nel 1943.

Come mai un personaggio così particolarmente importante si era recato in Italia?

La sua presenza, anche se legittima come alleato, allertò il Dipartimento di Stato americano.

L'interesse sovietico era anche rivolto verso le future zone di confine italiane, la Francia chiedeva la Valle d'Aosta, l'Austria: l'Alto Adige, Tito: Trieste.

Intanto l'Unione Sovietica ottenne una base operativa a Bari per sostenere le truppe dell'Armata di Liberazione Jugoslava.

Tutto ciò preoccupò notevolmente gli Stati Unti perché così venne confermato il sospetto di un interesse sovietico per l'Italia.

Lo stesso Generale tedesco Reinhard Gehelen (1926-1979), Generale che era passato al servizio degli Americani, aveva confermato tale sospetto: a tale proposito -per fronteggiare tale pericolo, venne costituita una apposita "Organizzazione Gehelen ", addetta a realizzare una rete informativa in tutta l'Austria e l'Alto Adige.

La prima preoccupazione americana fu diretta verso il neo costituito Partito Comunista Austriaco,

Però -in seguito- la catastrofe elettorale del PCA tolse ogni speranza di intervento nell'Austria da parte dell'Unione Sovietica e l'abbandono della sua posizione iniziale a favore del rientro dell'Alto Adige a favore della stessa Austria.

L'Austria -intanto- si trovava con 38.000 sudtirolesi che speravano di rientrare in Alto Adige e le varie Organizzazioni umanitarie avevano bisogno di una sollecita decisione, da parte degli Alleati, per la definizione della frontiera.

La Francia aveva espresso un parere favorevole per l'Austria e così anche l'Inghilterra. Poi, su insistenza degli Stati Uniti, dovettero cambiare la loro decisione.

La posizione degli Alleati fu ufficializzata il 1° maggio 1946 quando i ministri degli Esteri degli Stati Uniti, Francia, Inghilterra e Unione Sovietica rifiutarono all'Austria la possibilità di indire un referendum in Alto Adige per un possibile ritorno del Territorio alla stessa Austria.

Così terminava il lungo percorso storico riguardante il Territorio dell'Alto Adige-Sudtirolo.

Partito dalla fine della Prima Guerra Mondiale, passato attraverso il dramma della Seconda Guerra Mondiale, era così -alla fine- arrivato alla Stazione di Bolzano-Bahnhof Bozen l'ultimo treno simbolico della sua Storia.

Printed by Books on Demand GmbH, Norderstedt / Germany